CONCESSÃO, DE OFÍCIO, DA ANTECIPAÇÃO DA TUTELA DAS OBRIGAÇÕES DE FAZER E NÃO FAZER (CPC, ART. 461) NO DIREITO DO TRABALHO

ALEX SANTANA DE NOVAIS

José Roberto Freire Pimenta
Prefácio

CONCESSÃO, DE OFÍCIO, DA ANTECIPAÇÃO DA TUTELA DAS OBRIGAÇÕES DE FAZER E NÃO FAZER (CPC, ART. 461) NO DIREITO DO TRABALHO

Belo Horizonte

EDITORA
Fórum

2014

©2014 Editora Fórum Ltda.

É proibida a reprodução total ou parcial desta obra, por qualquer meio eletrônico, inclusive por processos xerográficos, sem autorização expressa do Editor.

Conselho Editorial

Adilson Abreu Dallari
Alécia Paolucci Nogueira Bicalho
Alexandre Coutinho Pagliarini
André Ramos Tavares
Carlos Ayres Britto
Carlos Mário da Silva Velloso
Cármen Lúcia Antunes Rocha
Cesar Augusto Guimarães Pereira
Clovis Beznos
Cristiana Fortini
Dinorá Adelaide Musetti Grotti
Diogo de Figueiredo Moreira Neto
Egon Bockmann Moreira
Emerson Gabardo
Fabrício Motta
Fernando Rossi

Flávio Henrique Unes Pereira
Floriano de Azevedo Marques Neto
Gustavo Justino de Oliveira
Inês Virgínia Prado Soares
Jorge Ulisses Jacoby Fernandes
Juarez Freitas
Luciano Ferraz
Lúcio Delfino
Marcia Carla Pereira Ribeiro
Márcio Cammarosano
Marcos Ehrhardt Jr.
Maria Sylvia Zanella Di Pietro
Ney José de Freitas
Oswaldo Othon de Pontes Saraiva Filho
Paulo Modesto
Romeu Felipe Bacellar Filho
Sérgio Guerra

Luís Cláudio Rodrigues Ferreira
Presidente e Editor

Supervisão editorial: Marcelo Belico
Revisão: Cida Ribeiro
Bibliotecário: Ricardo Neto – CRB 2752 – 6ª Região
Capa e projeto gráfico: Walter Santos
Diagramação: Reginaldo César de Sousa Pedrosa

Av. Afonso Pena, 2770 – 16º andar – Funcionários – CEP 30130-007
Belo Horizonte – Minas Gerais – Tel.: (31) 2121.4900 / 2121.4949
www.editoraforum.com.br – editoraforum@editoraforum.com.br

N935c   Novais, Alex Santana de

         Concessão, de ofício, da antecipação da tutela das obrigações de fazer e não fazer (CPC, art. 461) no direito do trabalho / Alex Santana de Novais ; Prefácio José Roberto Freire Pimenta. – Belo Horizonte : Fórum , 2014.

         106 p.
         ISBN 978-85-7700-960-2

         1. Direito processual trabalhista. 2. Direito trabalhista. 3. Sociologia do direito. I. Título. II. Pimenta, José Roberto Freire.

                                                       CDD: 344.010 1
                                                       CDU: 349.2:347.9

Informação bibliográfica deste livro, conforme a NBR 6023:2002 da Associação Brasileira de Normas Técnicas (ABNT):

NOVAIS, Alex Santana de. *Concessão, de ofício, da antecipação da tutela das obrigações de fazer e não fazer (CPC, art. 461) no direito do trabalho.* Belo Horizonte: Fórum, 2014. 106 p. ISBN 978-85-7700-960-2.

Aos que acreditam em um mundo melhor e mais justo.

*Aos Professores Ministro José Roberto Freire Pimenta,
Márcio Túlio Viana e Ministro Maurício Godinho
Delgado, pelo convívio e pela generosidade durante o
Mestrado na PUC Minas. Ao Prof. Antônio Fabrício de
Matos Gonçalves, pelo incentivo, generosidade e amizade
a mim dedicados sempre.*

SUMÁRIO

PREFÁCIO
José Roberto Freire Pimenta.. 11

INTRODUÇÃO 15

CAPÍTULO 1
DA AUTOTUTELA À TUTELA ESTATAL 17
1.1   Aspectos gerais.. 17
1.2   Evolução do direito processual.. 18
1.2.1   Período primitivo.. 20
1.2.2   Período romano: direito romano e direito romano-germânico........ 21
1.2.3   Período judicialista 22
1.2.4   Período prático 23
1.2.5   Período procedimentalista... 24
1.2.6   Período do processualismo científico.. 25
1.3   A nova ciência processual no Brasil 26

CAPÍTULO 2
A CRISE E A TRANSFORMAÇÃO DO PROCESSO 29
2.1   Aspectos gerais.. 29
2.2   Jurisdição e acesso à justiça 31
2.3   Assistência judiciária... 36

CAPÍTULO 3
A ANTECIPAÇÃO DE TUTELA 39
3.1   Aspectos gerais.. 39
3.2   Natureza jurídica 44
3.2.1   Natureza jurídica – art. 273 do CPC.. 45
3.2.2   Natureza jurídica da antecipação da tutela prevista no art. 461 do CPC... 47
3.2.2.1 Natureza jurídica da sentença que concede a tutela específica........ 49
3.3   Aplicabilidade no direito do trabalho.. 50
3.4   Requisitos para a concessão da antecipação da tutela fundada no art. 273 do CPC 53
3.4.1   Do requerimento 53
3.4.2   Da prova inequívoca.. 54

3.4.3	Da verossimilhança	56
3.4.4	Do fundado receio de dano irreparável ou de difícil reparação	58
3.4.5	Do abuso de direito de defesa ou manifesto propósito protelatório	60

CAPÍTULO 4
ANTECIPAÇÃO DA TUTELA ESPECÍFICA QUANTO ÀS OBRIGAÇÕES DE FAZER E NÃO FAZER 63

4.1	Aspectos gerais	63
4.2	Conceito de tutela específica	66
4.3	Obrigações de fazer e não fazer	68
4.4	Obrigações fungíveis e não fungíveis	71
4.5	Mecanismos de coerção e sub-rogação	72
4.5.1	Multa	73
4.5.2	Prisão por descumprimento de ordem judicial	77
4.6	Pressupostos para concessão da tutela específica liminarmente	78
4.7	Decisão concessiva da antecipação da tutela específica	80

CAPÍTULO 5
A ANTECIPAÇÃO DE TUTELA DE OFÍCIO NO PROCESSO DO TRABALHO 83

5.1	Necessidade da antecipação de tutela no processo do trabalho	83
5.2	Efeitos da antecipação da tutela no processo do trabalho	89
5.3	Poder geral de cautela e seu exercício de ofício	90
5.4	O requerimento da parte como requisito para antecipação da tutela específica	92
5.5	Antecipação de tutela *ex officio*	94

CONCLUSÕES 99

REFERÊNCIAS 103

PREFÁCIO

Todos os operadores do Direito que, em nosso país, atuam na esfera cível e na esfera trabalhista convivem diariamente com um paradoxo: como é possível que uma das Constituições mais avançadas, generosas e democráticas da atualidade, como certamente é a brasileira de 1988, não seja capaz de, na esfera decisiva da realidade, produzir, no campo da tutela jurisdicional prometida a todos os cidadãos que dela necessitam, os resultados práticos efetivos que o Estado Democrático de Direito implantado em nosso país se comprometeu a proporcionar?

Este abismo de (in)efetividade da Justiça brasileira ganha contornos ainda mais dramáticos se confrontado, de um lado, com o expresso teor do inciso LXXVIII do artigo 5º de nossa Norma Fundamental, oportunamente acrescentado pela Emenda Constitucional nº 45/2004, que assegura a todos, no âmbito judicial e administrativo, "a razoável duração do processo e os meios que garantam a celeridade de sua tramitação", e, de outro, com a incontroversa constatação de que os processos trabalhistas, em sua quase totalidade, têm por objeto direitos fundamentais sociais de natureza alimentar que, se não satisfeitos a tempo e a modo, produzirão *vazios de tutela* que, na prática, implicarão na intolerável denegação, aos trabalhadores seus titulares (bem como a seus familiares que deles dependem), do direito fundamental à sua subsistência digna.

Daí resulta que, no dia a dia dos tribunais trabalhistas brasileiros, verifica-se uma luta permanente e intensa contra o passar do tempo, que é uma dimensão inafastável do fenômeno processual, mas que, como há muito já havia percebido e proclamado o grande Chiovenda, não pode se converter, por si só, em obstáculo à tempestiva e adequada concretização dos direitos da parte que, afinal, tenha razão.

O amplo movimento de reformas do processo civil contemporâneo, que a partir da década de 70 do século passado empolgou todos os países empenhados em promover o verdadeiro acesso à Justiça (e que, em nosso país, ganhou maior envergadura e densidade com as reformas parciais do processo comum empreendidas a partir da década de 90), teve, no Brasil, como um de seus mais importantes instrumentos a denominada generalização da antecipação da tutela de mérito no campo das obrigações de dar, de fazer e não fazer e de entrega de coisa certa, promovida pela alteração dos artigos 273 e 461 e pela introdução do 461-A do Código de Processo Civil de 1973.

Como se sabe, a possibilidade que, por seu intermédio, se abriu a que o juiz da causa, desde que se verifique, após cognição sumária da matéria controvertida, a urgência ou a evidência do direito postulado, conceda ao autor da demanda, em caráter provisório e assumidamente satisfativo, a fruição antecipada do bem da vida objeto da lide até a decisão final do processo, provocou uma verdadeira revolução conceitual e legal no direito processual de nosso país que, no entanto, ainda não produziu, na prática e por várias razões, todos os resultados a que se propôs.

Particularmente no campo das relações trabalhistas, é certo que até a presente data não se concretizou todo o potencial aberto por esta transformação dos princípios, da estrutura e dos resultados do direito processual nacional (pela indiscutível aplicação subsidiária dessa reforma do processo comum ao processo do trabalho, nos exatos termos do artigo 769 da Consolidação das Leis do Trabalho). Se utilizado com equilíbrio, mas com a firmeza necessária, pelos operadores do Direito, em geral, e pelos magistrados do trabalho, em particular, esse instituto poderá tornar menos vantajoso para os empregadores o descumprimento massivo, deliberado e reiterado de suas obrigações trabalhistas e, simetricamente, mais viável para os titulares dos direitos fundamentais sociais recorrer ao Estado-Juiz para assegurar, com a efetividade constitucionalmente prometida, a sua fruição plena, específica e tempestiva.

Essa importantíssima inovação, como não poderia deixar de ser, ensejou a edição de um grande número de obras tendo-a por objeto, muitas delas de grande utilidade teórica e prática. Nenhuma delas, porém, foi conclusiva no equacionamento de um dos mais delicados dilemas enfrentados pelos magistrados cíveis e trabalhistas ao se depararem com litígios que tenham por objeto obrigações de fazer e de não fazer que exijam satisfação antecipada, seja por versarem sobre direitos que não suportam o tempo de duração normal do processo (a denominada *tutela de urgência*), seja por versarem sobre direitos a cujo respeito não haja controvérsia séria ou razoável (a denominada *tutela de evidência*): caso o autor da demanda não tenha pleiteado expressamente a antecipação dos efeitos de mérito de seu pedido inicial, prevista no §3º do artigo 461 do CPC hoje em vigor, poderá o juiz da causa, caso se convença da presença dos requisitos ali previstos para a sua concessão, determiná-la *de ofício*?

Foi exatamente para enfrentar essa importantíssima questão, de estatura verdadeiramente principiológica e constitucional, que o talentoso e jovem, mas já experimentado advogado, Alex Santana de Novais elaborou a presente obra que agora tenho a honra e a satisfação de apresentar e que corresponde à dissertação, da qual fui orientador, com a qual ele obteve o grau de Mestre em Direito do Trabalho pela PUC Minas, perante Banca Examinadora também constituída pelos Professores Doutores Márcio Túlio Viana (PUC Minas) e Manoel Galdino da Paixão Júnior (UFMG).

Além da criteriosa utilização da melhor e mais atual doutrina constitucional e processual de nosso país, a presente obra, de redação clara, concisa e objetiva e que bem retrata a linha de pesquisa do Mestrado e Doutorado em Direito do Trabalho da PUC Minas sobre *trabalho, modernidade e democracia*, tem o grande mérito de não deixar de se posicionar sobre tão intrincada questão, para a qual, após segura e persuasiva argumentação, tem resposta afirmativa.

Concordando-se ou não com essa conclusão do autor, trata-se, como os leitores poderão apreciar, de obra indispensável para todos os que tenham interesse em se aprofundar no exame de temática tão atual e oportuna.

José Roberto Freire Pimenta
Ministro do Tribunal Superior do Trabalho. Professor do Mestrado e Doutorado em Direito do Trabalho da PUC Minas.

INTRODUÇÃO

O mundo passa por rápidas transformações, assim como as relações jurídicas. E nesse novo mundo que vai se formando não basta mais apenas a realização do direito. É necessária a efetividade da prestação jurisdicional.

Passando pela mudança necessária ao processo, com vistas a alcançar o direito objetivo, e construindo caminhos, o legislador brasileiro nos brindou com a Lei nº 8.952, de 13.12.1994, que alterou a redação dos artigos 273 e 461 do CPC.

Junto com outras mudanças, ficou clara a intenção de dotar o processo com mecanismos hábeis a possibilitar a efetivação do direito.

Grande parte da doutrina e da jurisprudência entendem pela impossibilidade de se antecipar a tutela sem o expresso requerimento da parte, como está expresso no artigo 273 do CPC, alterado pela lei citada. Mas tal entendimento não vai de encontro ao princípio constitucional do direito a uma completa e efetiva prestação jurisdicional?

Então, a efetividade das decisões seriam garantidas pelo poder geral de cautela que detêm os magistrados. É daí que vem o dever do juiz em conceder a tutela específica e determinar providências capazes de assegurar o cumprimento de sua decisão, conforme especificado no *caput* do art. 461 do CPC.

Esse dever vem seguido da faculdade de o juiz antecipar a tutela, conforme o §3º do art. 461 do CPC, ao dizer que é lícita a antecipação de tutela quando "for relevante o fundamento da demanda e havendo justificado receio de ineficácia do provimento".

Certo é que o instituto da antecipação de tutela não é novo, mas ganhou força com as alterações citadas.

O aparelho judiciário se mostra moroso diante da diversidade e do número de conflitos que se apresentam para solução e, juntamente com a vasta gama de recursos, pode emperrar a realização do direito. Mesmo conseguindo, ao final do processo, obter o bem perseguido, o autor restará prejudicado pela demora que, por si, poderá trazer danos.

Diante desse quadro é que pretendemos tratar da possibilidade de antecipação de tutela de ofício, interpretando tanto os arts. 273 e 461 do CPC quanto o princípio constitucional do direito à efetiva prestação jurisdicional.

Trataremos, ainda, dos limites e das possibilidades da concessão da medida antecipatória de tutela, de ofício, quanto às obrigações de fazer e não fazer no direito do trabalho.

O estudo também pretende analisar o abuso do direito de defesa e do direito de defesa garantido constitucionalmente.

Nosso estudo passa por uma análise da evolução do processo ao longo do tempo, desde o período antigo, quando vigorava a autotutela, até a fase instrumentalista, hoje vivida pelo direito processual brasileiro.

Analisaremos a crise e a transformação do processo do trabalho e a antecipação da tutela do artigo 273 do CPC, assim como a antecipação da tutela específica de mérito nas obrigações de fazer e não fazer, tal como está no artigo 461 do CPC. A possibilidade de concessão, de ofício, da antecipação da tutela específica na Justiça do Trabalho é o ponto principal a ser analisado.

CAPÍTULO 1

DA AUTOTUTELA À TUTELA ESTATAL

1.1 Aspectos gerais

A história do direito é estudada a partir da existência de documentos escritos. É certo que cada povo nas antigas civilizações tinha passado por uma evolução jurídica, no entanto, o estudo do direito dos povos sem escrita escapa quase por completo ao nosso conhecimento, uma vez que os vestígios existentes (armas, armaduras, esqueletos, túmulos, restos de habitações, etc.) permitem apenas a reconstituição aproximada da evolução social, cultural e econômica de tais povos. Apenas do estudo desses vestígios não podemos assegurar a existência do direito e sua evolução.

A Professora Ada Pellegrini Grinover diz que "Nas fases primitivas da civilização dos povos, quando ainda inexistiam leis gerais e abstratas ou um órgão estatal que, com soberania e autoridade, garantisse o cumprimento do direito, quem pretendesse alguma coisa que outrem o impedisse de obter haveria, com sua própria força e na medida dela, tratar de conseguir, por si mesmo, a satisfação de sua pretensão. Tratava-se da autotutela, naturalmente precária e aleatória, que não garantia a justiça, mas a vitória do mais forte, astuto ou ousado".[1]

---

[1] GRINOVER. A inafastabilidade do controle jurisdicional e uma nova modalidade de autotutela. *Revista Jurídica On Line Última Instância, Ensaios.*

Lembra que naquela fase primitiva existia, ainda, a autocomposição, onde as partes abriam mão de parcela de seus interesses ou de todo ele e que aos poucos foram sendo procuradas formas imparciais de solução dos conflitos, quando surgem árbitros, sacerdotes ou anciãos que, em tese, agiam conforme a vontade divina.

Era o período em que imperava a autodefesa, "em que cada um defendia seu direito pela força bruta pessoal, familiar, tribal ou grupal".[2]

A distinção entre a história do direito e da pré-história do direito, como dito acima, reside no conhecimento da escrita, portanto, a pré-história é-nos quase desconhecida.

Quando os povos passam a ter sua escrita, já estão inseridos na história, e a maioria das instituições já existia, como, por exemplo, "o casamento, o poder paternal e ou maternal sobre os filhos, a propriedade (pelo menos mobília), a sucessão, a doação, diversos contratos, tais como a troca e o empréstimo".[3]

Vários processualistas entendem, portanto, que o juiz precedeu o legislador; desse modo, o direito escrito é posterior. A justiça era encargo da mesma pessoa que agia como juiz e executor da sentença, que era feita pela força. Direito e justiça são relativos, uma vez que inexistiam normas de conduta, sendo, talvez, a moral coletiva a única proteção do direito naquela época.[4]

Antes, na época em que predominavam os povos nômades, não havia regras ou direitos, e o homem era apenas um ser a procura de seu alimento.

É uníssona a percepção de que, com a evolução do direito, o processo civil (direito processual) era visto como um apêndice do direito civil (direito material).

1.2 Evolução do direito processual

Dinamarco separa em três as fases do processo civil:[5] o período do *sincretismo*, o *autonomista* ou *conceitual* e, por fim, o *teleológico* ou *instrumentalista*.

---

[2] PRATA. *História do processo civil e sua projeção no direito moderno*, p. 12.

[3] GILISSEN. *Introdução histórica ao direito*.

[4] PRATA. *História do processo civil e sua projeção no direito moderno*, p. 14.

[5] DINAMARCO. *Instituições de direito processual civil*, p. 250.

No primeiro período, o direito processual não tinha conceitos próprios. Era confundido com os procedimentos e era conceituado como sucessão de atos.

O segundo período teve origem com a obra de Bülow, quando se proclamou a existência do direito processual como ciência. Deixa para trás a ideia do processo como modo de exercício de direitos. Vale citar Dinamarco:[6]

> Foi nessa segunda fase que os processualistas se aperceberam de que o processo não é um modo de exercício dos direitos, colocado no mesmo plano que os demais modos indicados pelo direito provado, mas caminho para obter uma especial proteção por obra do juiz — a tutela jurisdicional. O objeto das normas de direito processual não são bens da vida (cuja pertinência, uso, disponibilidade etc. o direito privado rege) mas os próprios fenômenos que na vida do processo têm ocorrência, a saber: a jurisdição, a ação, a defesa e o processo (institutos fundamentais, ou categorias amplíssimas em que se contêm todos os demais institutos do direito processual).

O terceiro período é o que vivemos hoje, o instrumentalista ou teleológico. O ponto principal desse período é o estudo das técnicas adequadas que possam levar aos resultados necessários do direito processual. Preocupa-se com a finalidade do processo.

O doutrinador Edson Prata[7] lembra que, com vistas a facilitar o estudo, os doutrinadores costumam dividir a matéria em seis períodos:

a) período primitivo;
b) período romano: direito romano e direito romano-germânico;
c) período judicialista;
d) período prático;
e) período procedimentalista;
f) período processualista, ou do processualismo científico, ou, ainda, período moderno atual.

No entanto, deve ser ressaltado que não há, entre os períodos citados, divisão exata. Os limites quase sempre são incertos e se confundem. A divisão, portanto, é apenas de cunho didático.

---

[6] DINAMARCO. *Instituições de direito processual civil*, p. 257.
[7] PRATA. *História do processo civil e sua projeção no direito moderno*, p. 15.

Tendo em vista que o nosso ponto central está no processo civil contemporâneo, aplicado ao direito do trabalho, faremos breve referência a essa divisão.

1.2.1 Período primitivo

O período primitivo não encontra data precisa de início, mas prossegue até 450 a.C., quando se inicia o direito romano.

Sua origem está no primeiro delito e a posição do primeiro julgador diante dele. Não se pode imaginar um julgamento sem procedimento, mesmo que em sua forma mais elementar.

As civilizações grega e romana são as culturas daquela época que até hoje se mostram como representantes dos povos antigos e que trazem reflexos em nosso direito contemporâneo.

O direito de alguns povos merece destaque nesse período: "Suméria, Babilônia (Código de Hamurabi), Egito antigo, Assíria, direito mosaico, direito grego (Licurgo, Sólon e o Código de Gortina, Código de Manu, Lei das XII Tábuas)".[8]

Citando Margadant,[9] Edson Prata[10] traz:

a) Código de Ur-Nammu – 2040 a.C.

b) Código de Pipit-Istar – 1880 a.C. – tem 39 artigos, com prólogo e epílogo.

c) Código de Hamurabi – 1695 a.C.

d) Fragmentos de Direito Processual (de Kanes) – 2000 a.C. – direito processual assírio.

e) Texto Jurídico dos Hititas – 1500 a.C. – com uns 186 artigos.

f) Legislação Judaica – 900 a.C. – Legendariamente atribuída a Moisés.

g) Legislação de Chow Li, chinesa – 1100 a.C.

h) Fragmentos de direitos egípcios – 220 a.C.

i) Código de Manu – Hoje considerado mais recente que a Lei das XII Tábuas e a Legislação de Gortina.

---

[8] PRATA. *História do processo civil e sua projeção no direito moderno*, p. 15.

[9] FLORIS MARGADANT. Legislación antigua. *Revista de la Facultad de Derecho de México*, p. 22-26.

[10] PRATA. *História do processo civil e sua projeção no direito moderno*, p. 7.

j) Legislação de Gortina – 480 ou 460 a.c.

k) Lei das XII Tábuas – 450 a.C.

1.2.2 Período romano: direito romano e direito romano-germânico

Compreende o período entre os anos de 450 a.c. e 1088 d.C. O período romano tem início em 450 a.c. com a Lei das XII Tábuas e prossegue até 568 d.C, quando morre o Imperador Justiniano. É desse período a primeira manifestação do direito processual, a Lei das XII Tábuas, surgida com o povo romano. Naquela época, o trabalho era considerado vil e destinado apenas à classe dominada, os plebeus. Do outro lado, os patrícios, vivendo para as artes e a política. Não havia direito escrito, e a classe dominante, os patrícios, aplicava aos plebeus o direito que lhes interessava.

Começaram os conflitos entre patrícios e plebeus quanto à aplicação do direito, e, no afã de se livrar do jugo dos patrícios, foi proposta a limitação escrita dos poderes dos julgadores. A proposta não foi aceita e, então, os plebeus ameaçaram se retirar das cidades. Ora, certos de que apenas eles e os escravos trabalhavam, os patrícios ficariam sem serviços e sem comida. Dessa feita, a proposta passa a ser considerada.

Negociou-se, pois, que se escrevesse o direito, seja para patrícios, seja para plebeus. Uma comissão com três juristas segue à Grécia para estudar e conhecer as leis lá existentes, para que fossem escritas as primeiras leis de Roma.

Quando retornam a Roma, são redigidas as leis, que foram sancionadas e formaram dez tábuas. Uma comissão de dez patrícios, escolhidos por mandato, governava Roma. Findo o mandato, foram acrescidas outras duas tábuas, que vieram após a eleição de outros magistrados, inclusive três plebeus. Era a Lei das XII tábuas.

Apenas exemplificando, do ponto de vista processual, temos a Lei nº 1, da primeira tábua, que diz: "SE ALGUÉM É CHAMADO EM JUÍZO, COMPAREÇA". Ora, trata-se de citação, intimação.

E diversos outros institutos que até hoje são usados no nosso Código de Processo Civil.

O direito romano-germânico prossegue até o ano de 1088 d. C., quando ocorre a fundação da escola de Bolonha.

O povo germânico dominou a Europa no período medieval. No entanto, eram nômades e viviam em tribos; não formavam uma nação. Assim, o direito germânico era o direito costumeiro, até que se estabelece em Roma, por volta do ano 500.

A Europa passa a conviver, então, com o direito canônico, com o direito romano e com o direito germânico. Em contato com o direito romano, os germânicos produziram diversas leis, compiladas ou codificadas, entre elas, o Código de Eurico, em 475, o *Codex revisus* e a *Líber papiensis*.

1.2.3 Período judicialista

Abrange o período de 1088, com a fundação da escola de Bolonha, a 1563, com a publicação do livro *Prática civil e criminal e instrução dos escrivães*, de Monterosso.

O estudo do processo e das instituições processuais passou a ser sistemático, desde a fundação da escola de Bolonha.

Segundo Edson Prata, o termo justicialista vem de juízo, que à época tinha significado de sentença e processo. É o período em que o direito romano passa a ser recebido por outros povos, uma vez que a escola de Bolonha atraía estudiosos de toda a Europa, e quando estes retornavam passavam a aplicar os ensinamentos recebidos, substituindo o direito local pelo direito comum.

A aplicação do direito comum teve grande interesse político, já que fortalecia o direito dos monarcas e diminuía o dos nobres (que aplicavam o próprio direito em suas vastas terras). Houve interesse religioso, pois a Igreja passou a aplicá-lo em parte das causas de sua competência. E houve, ainda, o interesse científico pela sistematização dos estudos. Houve grande evolução do direito como um todo e também do direito processual.

Inicia-se o período dos juristas conhecidos como glosadores, devido ao fato de que faziam notas nos rodapés ou entrelinhas dos textos que estudavam. Tais glosas evoluíram para pequenas monografias. Esses estudos se davam a partir do *Digesto*, obra justiniana.

CAPÍTULO 1
DA AUTOTUTELA À TUTELA ESTATAL | 23

Houve uma compilação dessas glosas, chamada de a *Grande glosa*, feita por Arcúrio, que foi a obra máxima do período.

Vieram, no século XIV, os pós-glosadores, também chamados de comentadores, que se diferenciavam dos glosadores por comentarem as obras sem demasiado apego aos originais, o que lhes valeu até acusações de serem incultos, apesar de criativos, posto que estes buscavam adaptar o direito romano à época e passaram a se aproveitar de fontes como o direito canônico e os costumes, enquanto os glosadores não se afastavam do texto do *Corpus juris civiles*.

1.2.4 Período prático

Inicia-se no ano de 1563, com a publicação do livro *Prática civil e criminal e instrução dos escrivães*, de Monterosso, e vai até 1807, com a entrada em vigor do Código de Processo Civil Francês, em 01.05.1807, quando tem início o período procedimentalista.

Como lembra Edson Prata,[11] outros fatores levaram os juristas ao caminho do praxismo:

a) o cansaço originário do estudo sistemático de obras antigas, especialmente do direito romano, todas escritas em latim, dificultando, consequentemente, o acesso a elas por parte considerável daqueles que desejavam estudar direito;

b) o interesse dos povos voltado para o nacionalismo, pelas coisas da própria terra, em abandono — embora não sistemático — do passado remoto de outros povos;

c) a invenção da imprensa, gerando oportunidade para a impressão de maior quantidade de livros. Em se aumentando a quantidade, necessário se faria, também, o aumento do número de leitores;

d) abandono da língua latina em favor da língua nacional, do vernáculo; com isso, os escritores poderiam ser lidos por um número bem maior de pessoas;

e) a necessidade de se dotar os estudiosos do direito de obras práticas, em lugar das até então eminentemente técnicas e científicas.

---

[11] PRATA. *História do processo civil e sua projeção no direito moderno*, p. 124.

Os livros tinham, então, títulos como *Prática civil e criminal*, *Elementos de prática forense* e *Prática dos escrivães*.

Apesar de muitos os livros publicados, os praxistas não trouxeram grandes contribuições para o direito, já que se preocupavam com a prática forense e relegavam os textos legais, ou seja, o ordenamento objetivo, em prol de suas opiniões. Devemos lembrar, no entanto, que o período dos praxistas coincide com o período da inquisição, quando era perigoso ter ideias e expor teorias.

A principal contribuição do período foi a popularização do direito. Ao se escrever em línguas pátrias, abandonando o latim, foi possível tirar o direito do pequeno círculo que o dominava e fazê-lo popular. Os praxistas também contribuíram com estudos sobre intervenção de terceiros, apelação e instância.

Desse modo foram os praxistas portugueses que deram a Portugal o seu direito escrito. O direito português deixou de ser um amontoado de ordenamentos em latim, compreendidos por uma pequena elite.

1.2.5 Período procedimentalista

O procedimentalismo representa um passo à frente do que foi o praxismo, quanto ao desenvolvimento do direito processual. Nasce na França napoleônica e se espalha pela Europa.

Edson Prata,[12] citando Zamorra, informa que foram duas as causas para o surgimento do procedimentalismo. A primeira, política: a Revolução Francesa; a segunda, jurídica: as codificações napoleônicas.

É período de grande desenvolvimento do processo penal, que influencia o processo civil, exigindo novos conceitos para se adaptar à época. Vasta e rica doutrina foi produzida.

O Código de Processo Civil francês de 1807 passa a ser usado nos países dominados por Napoleão. Tratava o procedimentalismo, principalmente, de organização judiciária, competência, procedimento e, principalmente, de prova. Estudou-se profundamente o direito probatório e produziram-se procedimentos a serem observados

---

[12] PRATA. *História do processo civil e sua projeção no direito moderno*, p. 157.

CAPÍTULO 1
DA AUTOTUTELA À TUTELA ESTATAL | 25

pelo juiz, o que o deixava com uma função quase mecânica, apenas verificando se requisitos probatórios haviam sido preenchidos.

1.2.6 Período do processualismo científico

Inicia-se em 1868, quando Oscar Von Bülow publica *A teoria das exceções processuais e os pressupostos processuais*, marco inicial da nova escola.

Os propósitos da nova doutrina, compreendendo Bülow e seus seguidores, eram:[13]

a) autonomia da ciência processual;

b) separação definitiva do direito processual civil do bojo do direito civil e do direito comercial, estabelecendo-se a diferença entre o direito privado (civil e comercial) e público (processual);

c) enfoque científico da disciplina processual, ao contrário do que fazia o procedimentalismo, que se limitava, quase sempre, ao descritivismo e ao analismo;

d) exame do fenômeno processual exclusivamente à luz da ciência;

e) desenvolvimento dos conceitos fundamentais da ciência, que Ramiro Podetti chama de trilogia estrutural do processo, que são: jurisdição, ação e processo;

f) demonstração da linguagem anticientífica dos antigos processualistas, quando erroneamente qualificava o direito civil de direito substantivo e o direito processual civil de direito adjetivo.

A proposta vingou e hoje temos o processo civil como disciplina autônoma, com institutos próprios. O direito processual tem, definitivamente, reconhecida a sua natureza pública, divorciado das interpretações como se privado fosse.

Da Itália veio a corrente científica do direito processual para a América Latina. Os expoentes italianos eram, entre outros: Chiovenda, Carnelutti, Calamandrei e Liebman.

---

[13] PRATA. *História do processo civil e sua projeção no direito moderno*, p. 176.

1.3 A nova ciência processual no Brasil

O Brasil nasce sob a égide das Ordenações Afonsinas, substituídas pelas Ordenações Manuelinas.

As Ordenações Filipinas, editadas em 1603, sucessora das Ordenações Manuelinas, vigoraram no Brasil até 1850, uma vez que o direito material e o direito processual eram "importados" de Portugal.

José Câmara[14] nos dá uma ideia do que ocorria no período colonial:

> O período colonial é um verdadeiro caos no que diz respeito às idéias sociais. É uma noite de trevas, como injustamente se disse da idade média. Fase de flutuações quase constantes. As instituições jurídicas quase não tem consciência, porque impera incondicionalmente a vontade de Sua Magestade fidelíssima. O poder público da metrópole é um misto de absolutismo de cunho teocrático, onde predomina o fanatismo e a intolerância, em contraste evidente até mesmo com as pretensas finalidades das instituições extra-temporais, por contrárias aos sublimes princípios da moral e da fé cristã.

Em 1850 foi editado o Regulamento nº 737, que entra em vigor juntamente com o Código Comercial, aplicável a causas comerciais, posteriormente estendido às causas civis.

Em face de críticas, o regulamento foi substituído, em 1876, pela Consolidação das Leis do Processo Civil, que se dividia em organização judiciária e forma do processo.

A Constituição de 1891 atribuiu aos Estados a competência para legislar sobre normas processuais, com elaboração de alguns códigos estaduais e um Código da União.[15]

Nas Constituições de 1934 e 1937, a competência para legislar sobre normas processuais passa a pertencer à União, com a ressalva de que os Estados poderiam fazê-lo na falta de legislação federal.

Em 1939, entra em vigor o Código de Processo Civil, adotando a doutrina de Chiovenda quanto à oralidade processual. No entanto, manteve o processo de execução atrelado ao processo de conhecimento.

---

[14] CÂMARA. *Subsídios para a história do direito pátrio*, p. 112.
[15] SANTOS. *Manual de direito processual civil*, p. 23.

Em 1973, veio o atual Código de Processo Civil, tendo como autoria do projeto o jurista Alfredo Buzaid, baseado nas teorias de Chiovenda e inspirado em Enrico Tullio Liebman, jurista italiano que se refugia da Segunda Grande Guerra no Brasil e que fora aluno de Chiovenda na Universidade de Roma.

A vinda do processualista Liebman para o Brasil dá início a uma grande revolução no direito processual. É o período em que ocorre a institucionalização da fase autonomista, ou conceitual. Enrico Tullio Liebman era catedrático na Universidade de Parma e, no Brasil, lecionou na Faculdade de Direito de São Paulo. Traduziu para o português *Instituições de direito processual civil*, de Chiovenda, contribuindo com preciosas notas.

Liebman foi responsável pelo movimento conhecido como Escola Processual de São Paulo e idealizou a *Revista de Direito Processual Civil*, que teve apenas seis publicações, mas com alta qualidade.

É a partir de então que o direito processual começa a tomar a forma que vemos hoje, e é a que mais nos interessa no presente estudo.

Leis esparsas, na década de 1980, como, por exemplo, o Lei da Ação Civil Pública e as reformas do CPC, na década de 1990, trazem mudanças em busca da efetividade do processo, caracterizando a nova fase processual brasileira, a fase instrumentalista. É o chamado processo civil de resultados.

Dinamarco lembra, por exemplo, do movimento chamado direito alternativo, nos anos 1980. Diz:

> Nos anos oitenta obteve notoriedade nacional o movimento promovido por juízes do Rio Grande do Sul, com o objetivo de buscar justiça a todo custo e mesmo contrariando o direito positivo, especialmente em favor dos pobres. Esse movimento incluía a proposta de uma radical deformalização do processo civil, com vista à eliminação de possíveis óbices à efetividade de uma justiça substancial. Descontadas as atitudes passionais e o sensacionalismo de que se revestiu, o movimento dos juízes alternativos foi um culto ao processo civil de resultados.

Ora, há uma nova concepção do que seja o direito de ação. Não se trata mais de apenas dizer o direito, mas de garantir que o direito pronunciado tenha efetividade.

Para se chegar a instrumentos capazes de dar efetividade às decisões judiciais, o direito processual recebeu críticas e passou por transformações.

CAPÍTULO 2

A CRISE E A TRANSFORMAÇÃO DO PROCESSO

2.1 Aspectos gerais

O Estado passou a deter a jurisdição. Passou a tutelar, a dizer o direito, com a sociedade abandonando a autotutela.

E, como disse Marinoni:

> [...] o tempo não pode servir de empeço à realização do Direito. Ora, se o Estado proibiu a autotutela, adquiriu o poder e o dever de tutelar de forma efetiva todas as situações conflitivas concretas. O cidadão comum, assim, tem o direito à tutela hábil à realização do seu direito, e não somente um direito abstrato de ação. Em outras palavras, tem o direito à adequada tutela jurisdicional.[16]

E do monopólio de dizer o direito, nasceu a ideia do processo, necessária à existência de atos ordenados com vistas a alcançar a sentença. Era esse o conceito de processo — conjunto de atos — até a obra de Bülow, já citada, que consagrou a autonomia do processo com relação ao direito material.

A função do processo civil, então, passou a ser a garantia do exaurimento do processo de conhecimento, trazendo a segurança jurídica. A cognição necessária para determinar a existência ou inexistência do direito em litígio deveria ser exaurida, garantindo-se a ampla defesa, o contraditório e os recursos. No entanto, isto

---

[16] MARINONI. *Efetividade do processo e tutela de urgência*, p. 57.

se fazia em detrimento da efetividade das decisões, do verdadeiro acesso à justiça.

A constatação dessa fase fica clara nos ensinamentos de Marinoni,[17] quando diz que:

> *A doutrina clássica, no momento em que construiu o procedimento ordinário — compreendido como o procedimento de cognição pela e exauriente — e baniu do sistema processual os procedimentos sumários especiais, notadamente aqueles de cognição parcial, deu prioridade ao valor segurança sobre o valor tempestividade.*

Ora, essa garantia que visava, de modo absoluto, à segurança jurídica fez com que houvesse uma desigualdade entre as partes no processo, visto que, desse modo, o ônus da demora do processo recai apenas sobre o autor, e, como lembra Marinoni "[...] a demora sempre serve ao réu que não tem razão".[18]

Sabemos, mesmo com as alterações ocorridas no Código de Processo Civil, que as lides são muito demoradas, seja pelo excesso de recursos, pela falta de aplicação de sanções pelo Judiciário, pelo número reduzido de servidores e juízes e pelos vícios e ineficiência da administração judiciária. É verdade que os juízes não são formados como administradores, pelo que devem os tribunais profissionalizar sua administração e tratar os jurisdicionados como consumidores da jurisdição, ávidos por uma justiça rápida e eficiente.

Há corrente que defenda o direito da defesa até como meio de impedir o autor de atingir seu objetivo, considerando que o amplo acesso à justiça, garantido constitucionalmente, eximiria as partes de sanções em face de abuso do direito de defesa. Por essa corrente, o litigante tem assegurada a sua defesa por todos os meios e artifícios, sem que isso possa ser considerado abuso.

As multas por litigância de má-fé e por atos atentatórios à dignidade da justiça raramente são aplicadas. Devemos ressaltar, no entanto, que, com a crescente preocupação em atender ao anseio de uma justiça célere, diversos magistrados vêm se posicionando em favor da aplicação de multas.

---

[17] MARINONI. *Tutela antecipatória, julgamento antecipado e execução imediata da sentença*, p. 13.

[18] MARINONI. *Efetividade do processo e tutela de urgência*, p. 57.

Os juros legais e a correção monetária aplicados aos débitos reconhecidos em juízo favorecem o demandante devedor. Hoje, representam muito menos do que os juros que são cobrados pelos bancos. Quantas vezes, no exercício da advocacia, nos deparamos com situações de processos longos o suficiente para proporcionar uma execução frustrada...

A visão existente era de que a demora do processo era um mal necessário a garantir o conhecimento definitivo do direito. O tempo de duração do processo era considerado algo secundário, o que afastava o processo civil da realidade, trazendo insatisfações não só aos jurisdicionados, como também a toda a sociedade.

Ora, a morosidade do processo só beneficia o réu que não tem razão e traz danos de toda a sorte ao autor, sejam materiais ou morais.

E a complexidade das relações humanas e sociais aumenta à medida que avançam as tecnologias e a formação de blocos econômicos, com a globalização, passando a exigir um direito mais ágil e eficaz.

Há uma nova concepção do que seja jurisdição. Não se trata mais de apenas dizer o direito, mas de garantir que o direito pronunciado tenha efetividade.

Não é apenas o direito material que deve se manter atualizado e preparado para os novos conflitos. É também necessário que o direito processual consiga dar efetividade às decisões.

O direito processual brasileiro passa, então, por mudanças (lei de ação civil pública e reformas dos anos 90), com a finalidade de acabar com a morosidade processual e com o formalismo das normas existentes, na tentativa de oferecer uma tutela adequada, buscando a efetividade das normas jurídicas.

2.2 Jurisdição e acesso à justiça

Citando Cappelletti, Deilton Brasil[19] diz que:

> [...] a idéia de acesso à justiça evoluiu paralelamente na passagem da concepção liberal para a concepção social do Estado moderno.

---

[19] BRASIL. *Tutela específica das obrigações de fazer e não fazer*, p. 46.

De início, a participação do Estado não ia além da declaração formal dos direitos humanos. Nessa época, em que prevalecia como máxima dominante o *laisser-faire*, todos eram solenemente presumidos iguais e a ordem constitucional se restringia a criar mecanismos de acesso à justiça, sem maiores preocupações com sua eficiência prática ou efetiva. Diferenças econômicas ou institucionais nem sequer eram cogitadas pelo ordenamento jurídico. Os problemas reais dos indivíduos não chegavam a penetrar no campo das preocupações doutrinárias em torno do direito processual.

Discorrendo sobre o acesso à justiça, Humberto Theodoro Júnior[20] traz de forma clara, o pensamento jurídico sobre o tema:

> Depois de um século de extensos e profícuos estudos sobre os conceitos e as categorias fundamentais do Direito Processual Civil, os doutos atentaram para um fato muito singelo e significativo: a sociedade como um todo continuava ansiosa por uma prestação jurisdicional mais efetiva. Aspirava-se, cada vez mais, a uma tutela que fosse mais pronta e mais consetânea com uma justa e célere realização ou preservação dos direitos subjetivos violados ou ameaçados; por uma Justiça que fosse amoldável a todos os tipos de conflito jurídico e que estivesse ao alcance de todas as camadas sociais e de todos os titulares de interesses legítimos e relevantes; por uma Justiça, enfim, que assumisse, de maneira concreta e satisfatória, a função de realmente implementar a vontade da lei material, com o menor custo e a maior brevidade possíveis, tudo através de órgãos adequadamente preparados, do ponto de vista técnico, e amplamente confiáveis, do ponto de vista ético.
>
> Temas como a garantia de acesso à Justiça e a instrumentalidade e efetividade da tutela jurisdicional passaram a ocupar a atenção da ciência processual, com preferência sobre as grandes categorias que haviam servido de alicerce à implementação do Direito Processual como ramo independente do direito material, integrado solidariamente ao direito público.

O Prof. José Roberto Freire Pimenta,[21] em sua tese de doutorado, ensina que o conceito clássico e abstrato de jurisdição tem que se atualizar, à luz do novo conceito de acesso à justiça:

---

[20] THEODORO JÚNIOR. Tutela específica das obrigações de fazer e não fazer. *Revista Síntese do Direito Civil e Processual Civil*, p. 17.

[21] PIMENTA. A *tutela antecipatória e específica das obrigações de fazer e não fazer e a efetividade da jurisdição*: aspectos constitucionais, cíveis e trabalhistas, f. 202-203.

Complementando sua apreciação dos aspectos teóricos e gerais do 'acesso à justiça', CAPELLETTI e GARTH destacam a mudança do enfoque do processo civil moderno, que abandona o método dogmático tradicional e passa a colocar no centro de suas atenções "o modo pelo qual os direitos se tornam efetivos". Paralelamente, salientam a influência da efetividade das garantias e dos instrumentos processuais de concretização dos direitos substanciais porventura existentes sobre o conteúdo, alcance e até mesmo a real existência destes últimos:

"A discussão teórica, por exemplo, das várias regras do processo civil e de como elas podem ser manipuladas em várias situações hipotéticas pode ser instrutiva, mas, sob essas descrições neutras, costuma ocultar-se o modelo frequentemente irreal de duas (ou mais) partes em igualdade de condições perante a corte, limitadas apenas pelos argumentos jurídicos que os experientes advogados possam alinhar. O processo, no entanto, não deveria ser colocado no vácuo. Os juristas precisam, agora, reconhecer que as técnicas processuais servem a funções sociais; que as cortes não são a única forma de solução de conflitos a ser considerada e que qualquer regulamentação processual, inclusive a criação ou o encorajamento de alternativas ao sistema judiciário formal tem um efeito importante sobre a forma como opera a lei substantiva — com que freqüência ela é executada, em benefício de quem e com que impacto social. Uma tarefa básica dos processualistas modernos é expor o impacto substantivo dos vários mecanismos de processamento de litígios. [...] O 'acesso' não é apenas um direito social fundamental, crescentemente reconhecido: ele é, também, necessariamente, o ponto central da moderna processualística. Seu estudo pressupõe um alargamento e aprofundamento dos objetivos e métodos da moderna ciência jurídica."

Ainda há a necessidade de se incluir, como sujeito do direito ao acesso à justiça, a camada mais pobre da população, que não tem como arcar com os custos das demandas. É certo que houve a criação da defensoria pública, tratada a seguir, no entanto, não recebeu estrutura suficiente para atender aos milhões de excluídos em nosso país.

Citamos, novamente, um trecho da tese de doutorado do Prof. José Roberto Freire Pimenta,[22] ao abordar as desigualdades entre os litigantes, inclusive a econômica:

---

[22] PIMENTA. A *tutela antecipatória e específica das obrigações de fazer e não fazer e a efetividade da jurisdição*: aspectos constitucionais, cíveis e trabalhistas, f. 207/208.

Com relação às desigualdades econômicas, culturais e organizacionais entre os litigantes, que estes autores consideram um dos principais problemas a serem enfrentados pelas reformas processuais, CAPELLETTI e GARTH identificam três vantagens e desvantagens básicas que diferenciam as possibilidades das partes (sendo hoje consensual que algumas espécies de litigantes gozam, de fato, de uma gama de vantagens estratégicas):

a) recursos econômicos – pessoas ou organizações que possuam recursos financeiros consideráveis a serem utilizados para estes fins têm vantagens óbvias ao propor ou ao se defender de demandas: 1) elas podem pagar para litigar; 2) podem suportar as delongas do litígio; 3) podem, em resultado de gastos maiores com sua atuação em Juízo (investindo mais recursos na produção de suas provas ou contratando profissionais do Direito mais habilitados), apresentar seus argumentos de maneira mais eficiente, distorção que, segundo CAPPELLETTI, é exacerbada pelos julgadores mais passivos, por deixarem exclusivamente às partes a tarefa de obter e apresentar as provas, desenvolver e discutir a causa;

b) aptidão para reconhecer um direito e propor uma ação ou sua defesa – os despossuídos de recursos econômicos, sociais e culturais tendem a conhecer pior os seus direitos e, portanto, a ter mais dificuldades em reconhecer um problema que os afeta como sendo um problema jurídico. Podem ignorar os direitos em jogo ou ignorar as possibilidades de reparação jurídica; ademais, mesmo reconhecendo o problema como jurídico, e, em tese, passível de solução pela via judicial, é preciso que a pessoa se disponha a interpor a ação (sendo que, quanto mais baixo o status sócio-econômico da pessoa, menor é a probabilidade de que recorra à justiça, o que por sua vez se explica por dois fatores: experiências anteriores negativas com o aparato judicial, formalista e complicado, e uma situação geral de dependência e de insegurança, que produz o que temos de represálias se se recorrer aos tribunais;

c) a condição de litigante *eventual* ou de litigante *habitual* – esta distinção, feita pelo professor norte-americano GALANTER, se baseia na freqüência de encontros com o sistema judicial (os eventuais são aqueles indivíduos que costumam ter encontros isolados e pouco freqüentes com o sistema judicial, enquanto que os habituais são as entidades desenvolvidas que têm experiência judicial mais extensa); de numerosas e expressivas: 1) maior experiência com o Direito, o que lhes possibilita melhor planejamento do litígio; 2) tendo mais casos, o litigante habitual tem economia de escala; 3) seu contato mais freqüente com o aparato judicial lhe dá oportunidades de desenvolver relações informais com os membros da instância decisora; 4) ele pode diluir os riscos da demanda por maior número de casos; 5) ele pode testar estratégias diferentes com determinados casos, de modo a garantir expectativa mais favorável em relação a casos futuros. Tudo isso, combinado, torna estes litigantes habituais muito mais eficientes na defesa de seus interesses no âmbito judicial que os indivíduos isolados, o que não pode ser desconsiderado pelo juiz mais ativo, que busca assegurar a existência de uma verdadeira "paridade de armas" (substancial e não apenas formal) entre as partes em juízo. A essas vantagens, acrescentam CAPPELLETTI e GARTH que o poderoso litigante organizacional, em contraste com o indivíduo isolado que litiga eventualmente, tem maior capacidade de reconhecer um direito, pode custear uma pequena causa e utilizar a esfera judicial de forma eficiente para impor um direito ou defendê-lo de ataques (vantagens individuais que podem ser enfrentadas com algum sucesso ao nível individual) e, num segundo nível, tem ele capacidade de encaminhar casos-teste (de modo a assegurar precedentes favoráveis, que serão vantajosos em casos individuais), de estruturar as transações em uma perspectiva global e de maneira a tirar proveito dessas normas, de controlar o cumprimento de determinada lei, quando seja necessário, e, por fim, de sugerir ou fazer pressão a favor de mudanças no sentido de leis favoráveis (vantagens que os litigantes eventuais só poderão enfrentar com alguma eficácia através dos novos mecanismos processuais que permitem uma abordagem *coletiva* desses litígios — as class actions do direito norte-americano e os mecanismos de substituição processual previstos no Código de Defesa do Consumidor Brasileiro).

É certo, pois, que o simples acesso à jurisdição não garante o acesso à justiça, que deve ser buscado com a evolução do direito material e processual.

Falar em crise do processo é tratar da efetividade do processo, o que nos leva à reflexão do que significa a efetividade. Seria a busca do máximo de justiça possível, ou seria a efetividade quanto ao tempo e custo diante da quantidade?

No nosso entendimento, esses fatores devem ser conjugados. O processo deve atender à pacificação social, e, para tanto, deve ser ágil e barato. A qualidade do processo não pode ser medida sem que se considere sua celeridade.

Temos, então, que a crise do processo está diretamente relacionada com a falta de efetividade das decisões judiciais.

2.3 Assistência judiciária

A análise do que é e como funciona a assistência judiciária, como acima referido, é necessária para uma melhor compreensão da crise do processo.

Não se pode falar apenas em celeridade como efetividade, mas é necessário falar em inclusão dos que não têm acesso ao judiciário ou que têm acesso deficiente.

Os custos do processo têm peso maior e não podem ser suportados pelas classes menos favorecidas.

A previsão contida no art. 5º, LXXIV, da Constituição da República, de 1988, que trata da democratização do acesso à justiça, ainda não encontrou sua plena realização. Não podemos falar de justiça sem falar na inserção da camada mais pobre e com dificuldades para identificar seus direitos. A democratização do acesso ao Judiciário é fator fundamental para a superação da crise do processo.

A criação das defensorias públicas ajudou a inserir parte da população no processo de democratização do Judiciário. Outras tentativas de inclusão estão em curso, como, por exemplo, os juizados especiais e os juizados informais de pequenas causas. No entanto, devemos avaliar o que são e os efeitos que podem advir das novas formas de inserção encontradas.

Em Minas, além dos juizados especiais, o Tribunal de Justiça incentiva os juizados informais de pequenas causas.[23] São encontros entre demandantes e demandados, patrocinados em locais informais e sem a presença do Poder Judiciário. As pessoas procuram centros comunitários, escolas ou outras instituições e expõem suas queixas sobre os mais variados temas, seja direito de vizinhança, família e até direito do trabalho. São tentadas conciliações, e, diversas vezes, com sucesso.

Se conciliam, assinam um termo de conciliação; se não, vão embora com a orientação de "procurar a Justiça". Quando conciliados, ficam no aguardo de que os acordos sejam cumpridos, pois inexiste qualquer aparato capaz de promover a execução.

---

[23] Informação extraída, em parte do link: <http://www.tjmg.gov.br/anexos/nt/noticia.jsp?codigo Noticia=4370&intra=s, consultado em 06.02.06, e de experiência profissional>.

E ainda, como dissemos, produzem acordos, inclusive, em área na qual as formalidades não podem ser ignoradas, como a presença do Ministério Público em causas envolvendo menores e pedidos trabalhistas, em que não detém sequer competência. Várias são as formas de tentativa de inclusão, sendo a principal a assistência judiciária pública.

A assistência judiciária aparece no plano normativo pela primeira vez na Constituição de 1934:

> Art. 113. A Constituição assegura a brasileiros e estrangeiros residentes no país a inviolabilidade dos direitos concernentes à liberdade, à subsistência, à segurança individual e à propriedade, nos termos seguintes: [...]
>
> 32) A União e os Estados concederão aos necessitados assistência judiciária, criando, para esse effeito, órgãos especiaes, e assegurando a isenção de emolumentos, custas, taxas e sellos.

Assegurou-se, desse modo, não apenas a isenção de custas, expandindo o conceito de assistência judiciária.

No Estado Novo e no texto da Constituição de 1937, por se tratar de um regime de exceção, a garantia foi banida.

Tanto em 1946 quanto em 1967, a assistência judiciária volta ao texto constitucional, no entanto, remetendo à legislação infraconstitucional a sua regulamentação.

No entanto, é com a Constituição de 1988 que esse direito ganha força, eis que inserido entre as garantias fundamentais. Diz:

> Art. 5º [...]
>
> LXXIV - O Estado prestará assistência jurídica integral e gratuita aos que comprovarem insuficiência de recursos;

Alteram-se os vocábulos assistência judiciária por assistência jurídica integral. O direito agora é para qualquer situação que necessite de um advogado, não apenas em juízo.

E, para dar eficácia ao direito *supra*, institui a defensoria pública, conforme artigo 134:

> Art. 134. A Defensoria Pública é instituição essencial à função jurisdicional do Estado, incumbindo-lhe a orientação jurídica e a defesa, em todos os graus, dos necessitados, na forma do art. 5º, LXXIV.

No entanto, o aparato colocado à disposição dos que necessitam da assistência judiciária não consegue absorver a demanda, o que leva parte da população sem acesso ao Judiciário a resolver seus litígios à margem da lei.

Não será possível resolver o problema da efetividade do direito sem resolvermos os problemas do acesso à justiça.

CAPÍTULO 3

A ANTECIPAÇÃO DE TUTELA

3.1 Aspectos gerais

O fenômeno das medidas cautelares e medidas antecipatórias da tutela de mérito decorre da exigência do processo civil de resultados.[24] Não se admite mais a lentidão processual decorrente do rito ordinário.

A antecipação de tutela introduzida pela Lei nº 8.952/94, por meio dos novos artigos 273 e 461, §3º, do CPC, veio "apenas regular, de modo abrangente e sistemático, o instituto da antecipação da tutela, previsto anteriormente apenas em casos excepcionais, permitindo, a partir de então, seu emprego generalizado".[25]

---

[24] DINAMARCO. *Instituições de direito processual civil*, p. 108: "Consiste esse postulado na consciência de que o valor e todo sistema processual reside na capacidade, que tenha, de propiciar ao sujeito que tiver razão uma situação melhor do que aquele em que se encontrava antes do processo. Não basta o belo enunciado de uma sentença bem estruturada e portadora de afirmações inteiramente favoráveis ao sujeito, quando o que ela dispõe não se projetar utilmente na vida deste, eliminando a insatisfação que o levou a litigar e propiciando-lhe sensações felizes pela obtenção da coisa ou da situação postulada. *Na medida do que for praticamente possível, o processo deve propiciar a quem tem um direito aquilo e precisamente aquilo que ele tem o direito de receber* (Chiovenda), sob pena de carecer de utilidade e, portanto, de legitimidade social. O processo vale pelos resultados que produz na vida das pessoas ou grupos, em relação a outras ou aos bens da vida — e a exagerada valorização da *ação* não é capaz de explicar essa vocação institucional do sistema processual, nem de conduzir a efetividade das vantagens que dele se esperam. Daí a moderna preferência pelas considerações em torno da *tutela jurisdicional*, que é representativa das projeções metaprocessuais das atividades que no processo se realizam e, portanto, indica em que medida o processo será útil a quem tiver razão".

[25] MALLET. *Antecipação da tutela no processo do trabalho*, p. 24.

O instituto em apreço veio ao encontro dos anseios da classe jurídica, tanto nacional quanto internacional, que se preocupa com a demora do processo comum e busca um meio de evitá-la e tem como finalidade ver antecipados os efeitos da sentença de mérito, com nítido caráter satisfativo.

Um de seus antecedentes está no art. 84, §3º, do Código de Defesa do Consumidor, que diz:

> Sendo relevante o fundamento da demanda e havendo justificado receio de ineficácia do provimento final, é lícito ao juiz conceder a tutela liminarmente ou após justificação prévia, citado o réu.

Mallet[26] apresenta outros antecedentes históricos:

> A liminar deferida em ação possessória, nos termos do art. 928, do CPC, não constitui outra coisa que deferimento antecipado da tutela pedida na referida ação, permitindo imediato exercício da posse, o que, sem tal medida, só ocorreria após normal tramitação da demanda. Outro exemplo está no art. 670, do CPC, que prevê, como o art. 851, do Código português de processo, a venda antecipada dos bens penhorados quando sujeitos à deterioração ou quando houver manifesta vantagem. Também aqui se alcança, em tempo abreviado, resultado que normalmente só viria depois de outras formalidades, mas que, por conveniência ou necessidade, é antecipado. Vale mencionar, ainda, a liminar de despejo e a fixação provisória de aluguel, na pendência de ação revisional, permitidas, respectivamente, pelos arts. 59 e 68, inciso II, ambos da Lei n. 8.245/91, outras duas hipóteses de tutela antecipada, estabelecidas para determinadas situações merecedoras, na ótica do legislador, de pronto pronunciamento judicial. É igualmente o que se verifica com a medida liminar do art. 39, §4º, da Lei n. 7.646/87, relativa à proteção da propriedade intelectual sobre programas de computador, ao dar ao juiz a prerrogativa de proibir antecipadamente a prática de atos atentatórios à mencionada propriedade.

Foi também uma forma de afastar a medida cautelar de cunho satisfativo, que se distanciara da natureza instrumental do procedimento acautelatório. Marinoni é categórico ao afirmar que "a tutela cautelar não tem conteúdo satisfativo",[27] ensinando que:

---

[26] MALLET. *Antecipação da tutela no processo do trabalho*, p. 23-24.

[27] MARINONI. *A antecipação da tutela*, p. 86.

A tutela cautelar tem por fim assegurar a viabilidade da realização de um direito, não podendo realizá-lo. A tutela que satisfaz um direito, ainda que fundada em juízo de aparência, é "satisfativa sumária". A prestação jurisdicional satisfativa sumária, pois, nada tem a ver com a tutela cautelar. A tutela que satisfaz, por estar além do assegurar, realiza missão que é completamente distinta da cautelar. Na tutela cautelar há sempre referibilidade a um direito acautelado. O direito referido é que é protegido (assegurado) cautelarmente. Se inexiste referibilidade, ou referência a direito, não há direito acautelado.

As medidas liminares em ações cautelares não restaram prejudicadas em face dos arts. 273 e 461 do CPC e também não se confundem com a antecipação da tutela.

Na antecipação de tutela busca-se receber, total ou parcialmente, a tutela de mérito pretendida, antes da decisão final, desde que a) haja prova inequívoca que convença o juiz da verossimilhança das alegações e haja fundado receio de dano irreparável ou de difícil reparação; ou, b) esteja manifesto o abuso de direito de defesa ou o propósito protelatório do réu.

> Em resumo, a tutela cautelar difere das anteriores por representar uma prestação da justiça de cunho eminentemente processual, no afã do resguardo das outras duas espécies, com a singularidade de que seu objeto é a "defesa da jurisdição", cuja titularidade pertence ao Estado-soberano, que, por isso, pode atuar de ofício no exercício do dever correspectivo ao direito de ação constitucionalizado.[28]

Além de não se confundirem, tutela cautelar e tutela antecipada, esta última tem requisitos mais rígidos para sua concessão. Não vale mais a fumaça do bom direito e o perigo da demora. São necessários a prova inequívoca, o convencimento da verossimilhança e o receio de dano irreparável.

Nesse sentido a decisão do STJ:

> TUTELA ANTECIPADA. REQUISITOS. DEFERIMENTO LIMINAR.
> 1. Ainda que possível, em casos excepcionais, o deferimento liminar da tutela antecipada, não se dispensa o preenchimento dos requisitos legais, assim a 'prova inequívoca', a 'verossimilhança da alegação',

---

[28] FUX. *Tutela de segurança e tutela de evidência*, p. 26.

o 'fundado receio de dano irreparável', o 'abuso de direito de defesa ou o manifesto propósito protelatório do réu', ademais da verificação da existência de 'perigo de irreversibilidade do provimento antecipado', tudo em despacho fundamentado de modo claro e preciso. 2. O despacho que defere liminarmente a antecipação de tutela com apoio, apenas, na demonstração do *fumus bonis iuris* e do *periculum in mora* malfere a disciplina do art. 273 do CPC, à medida que deixa de lado os rigorosos requisitos impostos pelo legislador para a salutar inovação trazida pela Lei nº 8.952/94. (STJ – Recurso Especial nº 131.853 S/C – 3ª Turma – Rel. Min. Carlos Alberto Menezes Direito)

O direito evidente pode ter a tutela antecipada. É a chamada tutela da evidência. "A expressão vincula-se àquelas pretensões deduzidas em Juízo nas quais o direito da parte revela-se evidente, tal como o direito líquido e certo que autoriza a concessão do *mandamus* ou o direito documentado do exequente."[29] Há mais que a fumaça do bom direito, há a maior probabilidade de certeza do direito alegado.

Há, ainda, a tutela específica, que visa a garantir obrigações infungíveis, como, por exemplo, obrigações de fazer e não fazer. O Prof. José Roberto Freire Pimenta[30] nos ensina:

[...] as mesmas soluções porventura predispostas pelos sistemas processuais para superar os obstáculos ensejados à execução específica de determinadas obrigações por sua infungibilidade material ou jurídica deverão servir para assegurar a pronta atuação coativa — igualmente específica — das medidas de urgência conservativas ou antecipatórias porventura determinadas no início ou no decorrer do processo que da mesma forma se refiram a prestações infungíveis de seu destinatário — é que, como já se acabou de ressaltar, não é propriamente a execução (em seu sentido estrito) que é específica, mas sim a tutela jurisdicional de um determinado direito, seja ela a tutela provisória de um direito meramente alegado mas considerado plausível (através de decisão interlocutória, como aquela prevista no §3º do art. 461 da CLT), seja a tutela definitiva de um direito declarado em um título executivo judicial (através de sentença de mérito passível de execução completa).

---

[29] FUX. *Tutela de segurança e tutela de evidência*, p. 305.

[30] PIMENTA. A *tutela antecipatória e específica das obrigações de fazer e não fazer e a efetividade da jurisdição*: aspectos constitucionais, cíveis e trabalhistas, f. 492-493.

O art. 273 do CPC trata da antecipação de tutela e diz:

Art. 273. O Juiz poderá, a requerimento da parte, antecipar, total ou parcialmente, os efeitos da tutela pretendida no pedido inicial, desde que, existindo prova inequívoca, se convença da verossimilhança da alegação e:

I - haja fundado receio de dano irreparável ou de difícil reparação; ou

II - fique caracterizado o abuso de direito de defesa ou manifesto propósito protelatório do réu.

§1º Na decisão que antecipar a tutela, o Juiz indicará, de modo claro e preciso, as razões de seu convencimento.

§2º Não se concederá a antecipação da tutela quando houver perigo de irreversibilidade do provimento antecipado.

§3º A execução da tutela antecipada observará, no que couber, o disposto nos incisos II e III do art. 588.

§4º A tutela antecipada poderá ser revogada ou modificada a qualquer tempo, em decisão fundamentada.

§5º Concedida ou não a antecipação da tutela, prosseguirá o processo até final julgamento.

§6º A tutela antecipada também poderá ser concedida quando um ou mais dos pedidos cumulados, ou parcela deles, mostrar-se incontroverso.

§7º Se o autor, a título de antecipação de tutela, requerer providência de natureza cautelar, poderá o juiz, quando presentes os respectivos pressupostos, deferir a medida cautelar em caráter incidental do processo ajuizado.

As condições para a antecipação da tutela serão analisadas em seguida.

Já o art. 461 do CPC traz a tutela específica das obrigações de fazer e não fazer, que pode ser antecipada, no nosso entendimento, de ofício, pelo juiz da causa, desde que atendidas as condições determinadas na lei. Diz:

Art. 461. Na ação que tenha por objeto o cumprimento de obrigação de fazer ou não fazer, o juiz concederá a tutela específica da obrigação ou, se procedente o pedido, determinará providências que assegurem o resultado prático equivalente ao do adimplemento.

§1º A obrigação somente se converterá em perdas e danos se o autor o requerer ou se impossível a tutela específica ou a obtenção do resultado prático correspondente.

§2º A indenização por perdas e danos dar-se-á sem prejuízo da multa (art. 287).

§3º Sendo relevante o fundamento da demanda e havendo justificado receio de ineficácia do provimento final, é lícito ao juiz conceder a tutela liminarmente ou mediante justificação prévia, citado o réu. A medida liminar poderá ser revogada ou modificada, a qualquer tempo, em decisão fundamentada.

§4º O juiz poderá, na hipótese do parágrafo anterior ou na sentença, impor multa diária ao réu, independentemente de pedido do autor, se for suficiente ou compatível com a obrigação, fixando-lhe prazo razoável para o cumprimento do preceito.

§5º Para a efetivação da tutela específica ou para a obtenção do resultado prático equivalente, poderá o juiz, de ofício ou a requerimento, determinar as medidas necessárias, tais como a busca e apreensão, remoção de pessoas e coisas, desfazimento de obras, impedimento de atividade nociva, além de requisição de força policial.

O art. 461-A do CPC trata da ação que tenha por objeto a entrega de coisa:

Art. 461-A. Na ação que tenha por objeto a entrega de coisa, o juiz, ao conceder a tutela específica, fixará o prazo para o cumprimento da obrigação.

§1º Tratando-se de entrega de coisa determinada pelo gênero e quantidade, o credor a individualizará na petição inicial, se lhe couber a escolha: cabendo ao devedor escolher, este a entregará individualizada, no prazo fixado pelo juiz.

§2º Não cumprida a obrigação no prazo estabelecido, expedir-se-á em favor do credor mandado de busca e apreensão ou de imissão na posse, conforme se tratar de coisa móvel ou imóvel.

§3º Aplica-se à ação prevista neste artigo o disposto nos §§1º a 6º do art. 461.

3.2 Natureza jurídica

A distinção entre os provimentos contidos nas normas dos arts. 273 e 461 do CPC se faz necessária para estabelecer a natureza jurídica do instituto da antecipação de tutela.

3.2.1 Natureza jurídica – art. 273 do CPC

Mallet[31] nos diz que "a principal dificuldade consiste em saber se a decisão que antecipa a tutela, tendo em vista a ameaça de dano irreparável ou de difícil reparação, possui natureza cautelar ou não". Aqui se busca a distinção entre tutela cautelar e tutela específica, ao passo que parte da doutrina não as separa, mas faz a classificação como espécies do gênero tutelas de urgência.

É o entendimento de Eduardo Talamini,[32] que diz:

> [...] embora a antecipação implique, desde logo, a realização prática, parcial ou total, daquilo que seria gerado pela tutela final, mantém-se instrumental a esta — estando-lhe funcional e estruturalmente vinculada. Antecipam-se efeitos do provimento definitivo, precisamente para evitar que este venha a ser inócuo. Vale dizer, antecipa-se para acautelar. A antecipação de tutela, nessa ordem de idéias, só assumiria feição essencialmente distinta da providência cautelar se tivesse o condão de vir a se tornar, por si só, definitiva, desde logo ou caso o réu não desse início a um processo de cognição exauriente ou o deixasse nas formas de tutela provisional, ex. art. 888, ou — fora do campo das medidas de urgência — com a tutela monitória.

Fábia Lima de Brito[33] aponta os seguintes traços comuns:

> a) a função de garantir o resultado inerente à tutela final, com o afastamento de um perigo de difícil reparação; b) cognição sumária; c) instrumentalidade em relação ao provimento posterior; e d) provisoriedade até o julgamento final do processo.

Dinamarco,[34] por sua vez, nos ensina:

> Existe uma diferença conceitual entre: (a) as medidas que oferecem ao sujeito, desde logo, a fruição integral ou parcial do próprio bem ou situação pela qual litiga; e (b) as medidas destinadas a proteger o processo em sua eficácia ou na qualidade de seu produto final. As primeiras, oferecendo situações favoráveis às pessoas na vida

---

[31] MALLET. *Antecipação da tutela no processo do trabalho*, p. 37.
[32] TALAMINI. *Tutela relativa aos deveres de fazer e não fazer*, p. 363.
[33] BRITO. *Perfil sistemático da tutela antecipada*, p. 60.
[34] DINAMARCO. *Instituições de direito processual civil*, p. 161.

comum em relação com outras pessoas ou com os bens, integram o conceito de tutela jurisdicional antecipada. As segundas, qualificadas como medidas cautelares, resolvem-se em medidas de apoio ao processo — para que ele possa produzir resultados úteis e justos — e só indiretamente virão a favorecer o sujeito de direitos.

A parte majoritária da doutrina brasileira entende que antecipação de tutela e tutela cautelar são institutos jurídicos distintos e não espécies distintas do gênero procedimento cautelar, mas pertencente ao gênero tutela provisória ou de urgência.

O professor Allan Helber de Oliveira[35] faz a seguinte distinção:

> A tutela acautelatória atua sobre situação de risco a que esteja exposto algum elemento do processo, seja ele bem, pessoa ou prova. Sem o processo cautelar haveria risco de a ação principal ficar comprometida diante do perecimento de algum de seus elementos. Já na tutela antecipatória, o objetivo não é acautelatório *stricto sensu*, ela é uma resposta à crítica do jurisdicionado à demora para se obter a solução dos litígios, foi pensada como artifício para defesa da validade da jurisdição.

Citando Zavascki, Fábia de Lima Brito[36] ensina que "a ação cautelar se destinará exclusivamente às medidas cautelares típicas; as pretensões de antecipação satisfativa do direito material somente poderão ou deverão ser deduzidas na própria ação de conhecimento em que, 'para satisfazer antecipadamente, exige mais que plausibilidade, exige verossimilhança construída sobre prova inequívoca'".

A autora cita, ainda, a seguinte jurisprudência da 5ª Câmara de Direito Privado do Tribunal de Justiça do Estado de São Paulo (Ag. de Instrumento nº 94.813-4, Rel. Des. Marco César, j. 01.10.1998):

> TUTELA ANTECIPADA. Não se confunde a tutela antecipada com medida cautelar, sendo a lei muito mais exigente para a concessão daquela. Repousando as cautelares tão-só na aparência do bom direito e no perigo da demora, a tutela antecipada pressupõe a formação de quase certeza da procedência da ação, assim encontrando o julgador presente, ao concedê-la, segurança sobre os pressupostos

---

[35] OLIVEIRA. *O réu na tutela antecipatória do Código de Processo Civil*, p. 19.

[36] BRITO. *Perfil sistemático da tutela antecipada*, p. 59.

processuais, as condições da ação e sobre seu mérito. Agravo provido para tornar insubsistente antecipação de tutela jurisdicional.

O Tribunal de Justiça do Espírito Santo entendeu que "a natureza jurídica da antecipação de tutela é de decisão de mérito provisoriamente exequível".[37] É a antecipação satisfativa do mérito. O professor José Roberto Freire Pimenta[38] nos ensina que:

> [...] o enquadramento das medidas antecipatórias (de natureza provisória) dentre as modalidades de tutela cautelar (pacífico na doutrina italiana e majoritariamente repelido pela doutrina brasileira) — o qual depende, fundamentalmente, de se admitir ou não que as medidas cautelares possam ter efeitos satisfativos [...] não é o mais importante: cautelares ou não, integram elas, juntamente com as medidas cautelares de conteúdo conservativo, o gênero das medidas de urgência, este, sim, constitucionalmente obrigatório em todo sistema jurídico que queira concretizar o princípio constitucional da efetividade da tutela jurisdicional que desempenha exatamente a mesma função constitucional: garantir a efetividade da tutela jurisdicional satisfativa através de medidas provisórias e de urgência, a esta instrumentalmente vinculadas.

3.2.2 Natureza jurídica da antecipação da tutela prevista no art. 461 do CPC

Dinamarco[39] nos ensina que:

> O direito moderno vem progressivamente impondo a tutela específica, a partir da idéia de que na medida do que for possível na prática, o processo deve dar a quem tem um direito tudo aquilo e precisamente aquilo que ele tem direito de obter. Essa sapientíssima lição (Giuseppe Chiovenda), lançada no início do século, figura hoje como verdadeiro slogan da moderna escola do processo civil de resultados, que pugna pela efetividade do processo como meio de acesso à justiça e proscreve toda imperfeição.

---

[37] Agravo Regimental, Processo 13a. Classe, Suspensão da liminar em ação de rito ordinário, 100950015253, Adcoas 8151071, p. 700.

[38] PIMENTA. *A tutela antecipatória e específica das obrigações de fazer e não fazer e a efetividade da jurisdição*: aspectos constitucionais, cíveis e trabalhistas, t. 485.

[39] DINAMARCO. *Instituições de direito processual civil*, p. 153.

No mesmo sentido Zavascki[40] diz:

[...] o processo civil ideal é o que dispõe de mecanismos aptos a produzir a concretização do direito mediante a entrega da prestação efetivamente devida, da prestação *in natura*. E quando isso é obtido, ou seja, quando se propicia, judicialmente, ao titular do direito, a obtenção de tudo aquilo e exatamente daquilo que pretendia, há prestação de tutela jurisdicional específica.

Há, ainda, o entendimento de que pode se tratar de uma tutela inibitória quanto às obrigações de não fazer, sem que se afaste seu caráter preventivo. É o que diz Marinoni:[41]

A efetividade da tutela preventiva, como é óbvio, está na dependência da possibilidade de se impedir o ilícito (ou sua continuação ou repetição). Torna-se imprescindível, assim, a possibilidade do uso da multa, como meio de coerção capaz de convencer o réu a fazer ou não fazer, conforme se tema ação ou omissão. Entende como uma tutela capaz de prevenir o ilícito.

Deilton Brasil,[42] citando Marinoni, afirma:

A tutela inibitória constitui uma tutela específica. O art. 461 do CPC permite ao juiz, ao conceder a tutela específica (final ou antecipatória), imponha multa diária ao réu, independente de pedido do autor. O art. 461, portanto, é a base, no Código de Processo Civil, da tutela inibitória, pois não só permite ao juiz dar ordens, como também admite que o juiz, de ofício, imponha multa diária visando ao adimplemento.

Luiz Rodrigues Wambier[43] entende como medida mista, ou seja, uma tutela antecipada com feições nitidamente cautelares. Como analisado anteriormente, a grande maioria da doutrina afasta, por completo, a antecipação de tutela das cautelares.

A própria norma diz que se trata de tutela específica, que pode ser antecipada, se atendidos os requisitos da relevância do

---

[40] ZAVASCKI. *Antecipação da tutela*, p. 137.
[41] MARINONI. *Tutela inibitória (individual e coletiva)*, p. 84.
[42] BRASIL. *Tutela específica das obrigações de fazer e não fazer*, p. 220.
[43] WAMBIER; ALMEIDA; TALAMINI. *Curso avançado de processo civil*, p. 332

fundamento da demanda e do justificado receio de ineficácia do provimento final, conforme inserido no §3º do art. 461 do CPC.

O professor Allan Helber de Oliveira[44] leciona que:

> Com o advento da Lei n. 8.952/94, o art. 273 do CPC passou a disciplinar a antecipação de tutela *stricto sensu*, enquanto o art. 461 passou a registrar o instituto da tutela específica liminar das obrigações de fazer e não fazer.

3.2.2.1 Natureza jurídica da sentença que concede a tutela específica

As ações são classificadas em ação de conhecimento, ação de execução e ação cautelar. A tutela específica do art. 461 do CPC é uma ação de conhecimento. As sentenças nas ações de conhecimento são classificadas em sentença declaratória, sentença constitutiva e sentença condenatória, segundo a doutrina clássica. Outros doutrinadores brasileiros, entre eles Ovídio Batista da Silva, Kazuo Watanabe e Luiz Rodrigues Wambier, apontam ainda as sentenças mandamentais e executivas. Wambier[45] leciona sobre a possibilidade de ocorrência dessas duas últimas eficácias no provimento jurisdicional da tutela das obrigações de fazer e não fazer do art. 461. Diz:

> As sentenças (ou outros provimentos) mandamentais contém ordem para o réu, a ser atendida sob pena de ser-lhe imposta alguma medida coercitiva (multa, prisão civil) e, mesmo, de se caracterizar crime de desobediência. Eis o aspecto diferencial, caracterizador dessa categoria. A efetivação dessa ordem dar-se-á no próprio processo em que foi proferida a sentença, independente de processo subseqüente (exemplos: mandado de segurança, *hábeas corpus,* interdito proibitório, ação de manutenção de posse, etc.).
>
> Já as decisões dotadas de eficácia executiva são também efetivadas no próprio processo em que proferidas, sem que se faça necessário processo autônomo de execução nos moldes aqui estudados. Distinguem-se das mandamentais porque seu conteúdo principal não é uma ordem para o réu cumprir, mas a autorização para o

---

[44] OLIVEIRA. *O réu na tutela antecipatória do Código de Processo Civil*, p. 57.
[45] WAMBIER; ALMEIDA; TALAMINI. *Curso avançado de processo civil*, p. 261-262.

órgão judicial executar (satisfazer o direito independentemente da vontade do devedor), dentro do próprio processo em que proferidas (exemplos: ações de despejo, reintegração de posse, demarcação, divisão, prestação de contas).

Nada impede que essas duas eficácias — e mesmo outras — possam decorrer de um mesmo provimento do juiz. É o que ocorre na tutela das obrigações de fazer e não fazer do art. 461.

A sentença que concede a antecipação da tutela específica tem natureza mandamental e executiva.

3.3 Aplicabilidade no direito do trabalho

Diz o art. 769 da CLT que:

Nos casos omissos, o direito processual comum será fonte subsidiária do direito processual do trabalho, exceto naquilo em que for incompatível com as normas deste Título.

Não há qualquer incompatibilidade com as demais normas celetistas, o que deixa claro para nós que a antecipação de tutela e a tutela específica são aplicáveis ao processo do trabalho. A afirmação segundo a qual os referidos artigos não poderiam ser aplicados tem como ponto principal o art. 659, X, da CLT (introduzido pela Lei nº 9.270/96), que prevê a possibilidade de antecipação da tutela em caso de reintegração de dirigente sindical e que o legislador incluiu, quando assim entendeu, a hipótese possível no âmbito do direito processual do trabalho. E se não estendeu a outras hipóteses é porque não quis.

Acórdão do STF[46] de lavra do Ministro Marco Aurélio de Mello chegou a questionar a aplicabilidade da norma. Disse:

[...] que a Consolidação da Lei do Trabalho não é omissa sobre a possibilidade de chegar-se a antecipação provisória da prestação jurisdicional. O fato atrai, inclusive, fundadas dúvidas quanto à aplicabilidade do disposto no artigo 273 do Código de Processo

---

[46] RE nº 162.309-PE, publicado no *DJU* do dia 16.12.96, Recorrente Banco do Brasil S/A e Recorrido Sindicato dos Empregados em Estabelecimentos Bancários de Garanhuns e Região, STF, Segunda Turma.

Civil ao processo trabalhista. O preceito do inciso IX do artigo 659 da Consolidação apenas prevê a possibilidade de o juiz conceder medida liminar, a viger até decisão final do processo, em reclamação trabalhista [...]

Hoje é pacífico na doutrina e na jurisprudência a aplicabilidade do instituto da antecipação de tutela ao processo do trabalho. Estevão Mallet[47] diz:

> A ausência de norma disciplinando a antecipação da tutela em demandas trabalhistas, bem como a perfeita compatibilidade de semelhante instrumento com as normas pertinentes a tais demandas, compõe, com perfeição, o suporte para a incidência do art. 769, da CLT.

O Prof. José Roberto Freire Pimenta,[48] citando o professor e ministro do TST João Oreste Dalazen, diz:

> Hoje praticamente consensual a opinião de que a tutela antecipatória de mérito é instituto amplamente recepcionado e bem-vindo ao processo trabalhista. Seja ante a lacuna da legislação processual específica, seja porque se amolda à perfeição aos seus fins e princípios (CLT, art. 769). [...] Óbvio que se há processo em que a morosidade é absolutamente intolerável tal se dá no trabalhista. Nenhum outro convive tão de perto com a pobreza, quando não com a miséria. Logo, retardar a prestação jurisdicional no processo trabalhista pode significar o comprometimento da fonte única de subsistência de uma pessoa e sua família. Denegação de Justiça qualificada!

A jurisprudência já se consolidou sobre o tema.

Apenas para ilustrar, transcrevemos, a seguir, uma ementa:

> TUTELA ANTECIPADA. CABIMENTO. PROCESSO DO TRABALHO. Por força do artigo 769 da CLT, a antecipação de tutela é aplicável ao processo do trabalho, podendo ser concedida no processo de conhecimento, para que os efeitos referentes ao provimento sejam produzidos antes do momento processual devido, sem se

---

[47] MALLET. *Antecipação da tutela no processo do trabalho*, p. 26.

[48] PIMENTA. Tutela específica e antecipada das obrigações de fazer e não fazer no processo do trabalho: cominação de prisão pelo juízo do trabalho em caso de descumprimento do comando judicial. *Revista do Tribunal Regional do Trabalho*, p. 128.

satisfazer de forma definitiva a pretensão, desde que presentes os pressupostos estabelecidos no artigo 273 do CPC.[49]

Em agosto de 2005, o TST editou duas súmulas que tratam da antecipação de tutela. Uma sobre o recebimento do pedido de antecipação de tutela em ação rescisória e outra do recurso cabível contra a decisão que concede a antecipação da tutela. São as Súmulas n°s 405 e 414 do TST.

Súmula N° 405 do TST – AÇÃO RESCISÓRIA. LIMINAR. ANTE-CIPAÇÃO DE TUTELA. (conversão das Orientações Jurisprudenciais n°s 1, 3 e 121 da SDI-II, Res. 137/05 – DJ 22.08.05)
I – Em face do que dispõe a MP 1.984-22/00 e reedições e o artigo 273, §7°, do CPC, é cabível o pedido liminar formulado na petição inicial de ação rescisória ou na fase recursal, visando a suspender a execução da decisão rescindenda.
II – O pedido de antecipação de tutela, formulado nas mesmas condições, será recebido como medida acautelatória em ação rescisória, por não se admitir tutela antecipada em sede de ação rescisória. (ex-OJs n° 1 – Inserida em 20.09.00, n° 3 – inserida em 20.09.00 e n° 121 – DJ 11.08.03)
Súmula N° 414 do TST – MANDADO DE SEGURANÇA. ANTE-CIPAÇÃO DE TUTELA (OU LIMINAR) CONCEDIDA ANTES OU NA SENTENÇA. (conversão das Orientações Jurisprudenciais n°s 50, 51, 58, 86 e 139 da SDI-II, Res. 137/05 – DJ 22.08.05)
I – A antecipação da tutela concedida na sentença não comporta impugnação pela via do mandado de segurança, por ser impugnável mediante recurso ordinário. A ação cautelar é o meio próprio para se obter efeito suspensivo a recurso. (ex-OJ n° 51 – inserida em 20.09.00)
II – No caso da tutela antecipada (ou liminar) ser concedida antes da sentença, cabe a impetração do mandado de segurança, em face da inexistência de recurso próprio. (ex-OJs n°s 50 e 58 – ambas inseridas em 20.09.00)
III – A superveniência da sentença, nos autos originários, faz perder o objeto do mandado de segurança que impugnava a concessão da tutela antecipada (ou liminar). (ex-OJs n° 86 – inserida em 13.03.02 e n° 139 – DJ 04.05.04).

---

[49] TRT da 3ª Região, 2ª Turma, Relator Juiz Bolívar Viégas Peixoto, Processo 00053-2005-053-03-00-2 RO, acórdão publicado no *DJMG* no dia 03.08.05.

3.4 Requisitos para a concessão da antecipação da tutela fundada no art. 273 do CPC

3.4.1 Do requerimento

Wambier[50] diz que:

> [...] ter havido pedido é pressuposto para poderem ser antecipados os efeitos da sentença. Não há antecipação dos efeitos da sentença sem provocação da parte (art. 273, *caput*).

Afirma, ainda, que a regra também é aplicável no caso do §6º do art. 273, acrescido pela Lei nº 10.444/02, que diz:

> [...] a tutela também poderá ser concedida quando um ou mais pedidos cumulados, ou parcela deles, mostrar-se incontroverso.

Ora, o *caput* do art. 273 diz, textualmente, que a antecipação de tutela tem como requisito requerimento da parte. No entanto, Wambier, no mesmo trecho da obra anteriormente citada, diz que:

> Em princípio, o pedido de antecipação de tutela é formulado pelo autor. Autor é quem formula a pretensão, quem traça os limites e determina os contornos da lide. Autor, no processo, é o autor propriamente dito, o oponente, o denunciando, o reconvinte, o que apresenta declaratória incidental etc. Podem, também, o assistente e o MP formular pedido de tutela antecipada, mas a antecipação dos efeitos da sentença beneficiará ou atingirá autor e réu, não a eles (assistente e MP), que são terceiros.

No mesmo sentido Zavascki:[51]

> [...] a antecipação da tutela depende de "requerimento da parte", vale dizer, está sujeita ao princípio dispositivo, não podendo ser concedida de ofício pelo juiz.

É esse também o entendimento de Fábia Lima de Brito,[52] que completa dizendo que o Ministério Público e o assistente estão legitimados a requerer, nos casos em que a lei prevê:

---

[50] WAMBIER; ALMEIDA; TALAMINI. *Curso avançado de processo civil*, p. 334.

[51] ZAVASCKI. *Antecipação da tutela*, p. 103.

[52] BRITO. *Perfil sistemático da tutela antecipada*, p. 64/65.

[...] o réu, quando assume posição ativa (art. 278, §1º) ou quando reconvém (art. 315) e o terceiro, quando formular pedido (nos casos de denunciação da lide, oposição, chamamento ao processo).

A autora afirma que o réu só tem "legitimidade para requerê-las na ações dúplices (possessórias, consignatórias etc.), em que lhe é permitido postular pretensão na própria contestação". Lembra que, de acordo com Marinoni, se o réu limita-se a contestar, sem realizar pedido, ainda assim pode requerer a tutela antecipada, pois:

> O réu, na contestação, de lado as hipóteses excepcionais de ações dúplices, não formula pedido. Entretanto, o réu, ao solicitar a rejeição do pedido formulado pelo autor, requer tutela jurisdicional de conteúdo declaratório.

> Se o autor pode requerer a tutela antecipatória na pendência da ação declaratória que objetiva declarar a legitimidade de um ato, o réu também poderá, em tese, solicitar a tutela antecipatória na ação declaratória de iletigimidade de ato se, em face do caso concreto, estiverem presentes circunstâncias que façam crer que o autor praticará atos que impedirão o réu de praticar ato que supõe legítimo. A tutela inibirá o autor a praticar os atos que poderiam impedir o réu de praticar o ato que, em caso de improcedência, será declarado legítimo.

3.4.2 Da prova inequívoca

A prova inequívoca é a que leva ao convencimento da verossimilhança das alegações, conforme ensina Marinoni:[53]

> A denominada "prova inequívoca", capaz de convencer o juiz da "verossimilhança da alegação", somente pode ser entendida como a "prova suficiente" para o surgimento do verossímil, entendido como o não suficiente para a declaração da existência ou da inexistência do direito.

É o mesmo ensinamento que traz Athos Gusmão Carneiro,[54] que afirma:

> [...] a rigor, em si mesma, prova alguma será inequívoca, no sentido do absolutamente incontestável. Mesmo a escritura pública, lavrada

---

[53] MARINONI. *A antecipação da tutela*, p 155.
[54] CARNEIRO. *Da antecipação de tutela*, p. 23.

por notário conceituado e revestida de todos os requisitos formais, é possível de ser impugnada em ação anulatória. Para Carreira Alvim 'prova inequívoca' será aquela que apresente alto grau de convencimento, afastada qualquer 'dúvida razoável', ou, em outros termos, cuja autenticidade ou veracidade seja provável. (CPC Reformado, 2. ed., Del Rey, 1995, p. 115).

É a prova robusta que traz a evidência do direito perseguido, "a prova necessária à formação do juízo de probabilidade".[55] "É aquela que se encontra clara o suficiente para que o juiz se convença do direito do autor ao pedido de antecipação de tutela."[56]

A prova inequívoca não é necessariamente a documental. Pode-se fazer por incontrovérsia, notoriedade. Também a prova oral produzida em outro processo, ou cautelar de produção antecipada de provas.

Zavascki[57] nos ensina:

> Dir-se-á que é um paradoxo a exigência de *fato certo* e juízo de *verossimilhança* do direito: se o fato é certo, o direito existe ou não existe, em razão de que *jura novit curia*, ou seja, *da mihi factum, dabo tibi ius*. Na verdade, a referência a "prova inequívoca" deve ser interpretada no contexto do relativismo próprio do sistema de provas. Como observou Calamandrei, "todas las pruebas, se bien se mira, no son más que pruebas de verosimilitud. [...] Aun para el juez más escrupuloso y atento, vale el mímite fatal de la naturaleza humana: lo que vemos, solo es lo que nos parece que vemos. No verdad, sino verosimilitud: es decir, aparência (que puede ser también ilusion) de verdad".[58] Assim, o que a lei exige não é, certamente, prova de verdade absoluta —, que sempre será relativa, mesmo quando concluída a instrução – mas uma prova robusta, que, embora no âmbito de cognição sumária, aproxime, em segura medida, o juízo de probabilidade do juízo de verdade.

---

[55] MARTINS. *Tutela antecipada e tutela específica no processo do trabalho*, p. 40.

[56] PELICIOLI. *A antecipação da tutela no direito brasileiro*, p. 36.

[57] ZAVASCKI. *Antecipação da tutela*, p. 76.

[58] CALAMANDREI. *Estudios sobre el proceso civil*, p. 317, 319.

Marinoni[59] afirma, ainda, que:

> É possível a tutela antecipatória, na perspectiva da técnica que vem sendo analisada, ainda que o fato constitutivo não tenha sido provado pela parte.
> Como é sabido, independem de prova os fatos: i) notórios; ii) afirmados por uma parte e confessados pela parte contrária; iii) admitidos, no processo, como incontroversos; iv) em cujo favor milita a presunção legal de existência ou de veracidade (art. 334 do CPC).

A distinção entre prova inequívoca e *fumus boni iuris* é, de acordo com Kazuo Watanabe, citado por Athos Gusmão Carneiro:[60]

> [...] prova inequívoca não é a mesma coisa que *"fumus boni iuris"* do processo cautelar. O juízo de verossimilhança, ou de probabilidade, como é sabido, tem vários graus, que vão desde o mais intenso ao mais tênue. O juízo fundado em prova inequívoca, em prova que convença bastante, que não apresente dubiedade, é seguramente mais intenso que o juízo assentado em simples "fumaça", que somente permite a visualização de mera silhueta ou contorno sombreado de um direito. Está nesse requisito uma medida de salvaguarda, que se contrapõe à ampliação da tutela antecipatória para todo e qualquer processo de conhecimento (in Reforma do CPC, cit., pp. 33-34).

3.4.3 Da verossimilhança

Pode parecer uma contradição se falar em prova inequívoca que leve à verossimilhança. No entanto, como anteriormente estudado, trata-se de verificar a probabilidade. A prova inequívoca é a que dará condições de o juiz entender o direito postulado como provável. São expressões distintas.

Citando Dinamarco, Athos Gusmão Carneiro nos diz:

> Conforme Cândido Rangel Dinamarco, a aparente contradição entre as expressões "prova inequívoca" e "verossimilhança", conjugadas no art. 273, resolvem-se pela adoção de um juízo de probabilidade, menos do que certeza, mais do que um de simples credibilidade: "a

---

[59] MARINONI. *A antecipação da tutela*, p. 42/43.
[60] CARNEIRO. *Da antecipação de tutela*, p. 24.

exigência de prova inequívoca significa que a mera aparência não basta e que a verossimilhança exigida é mais do que o *fumus boni iuris* exigido para a cautela tutelar" (A Reforma do CPC, 4ª ed., Ed. Malheiros, nº 106, p. 145).

Verossímil é aquilo que aparenta a verdade provável, plausível.[61] A citação de J. J. Calmon de Passos, feita por Ângela Pelicoli,[62] nos mostra, de forma clara, a verossimilhança:

> [...] o convencimento do magistrado, para decidir sobre matéria de fato, forma-se em três níveis: o da certeza, o da probabilidade (verossimilhança) e o da dúvida. A certeza é rara, geralmente deriva de uma presunção absoluta, de uma evidência, da impossibilidade do contrário, da confissão, etc. A dúvida diz-se existir quando o magistrado não encontra fundamentação aceitável para qualquer das versões expostas, considerando a prova colhida no processo. Sua perplexidade é um obstáculo à formação de seu convencimento. Cumpre-lhe, para decidir, pois não lhe é dado omitir-se, valer-se das regras que disciplinam o ônus da prova. O comum é decidir o magistrado com base na verossimilhança, na probabilidade de que a versão aceita seja a verdadeira, e isso ele retira da prova dos autos, alicerçando-a em sua fundamentação, que torna transparente o quanto pensou e ponderou para concluir como concluiu.

Podemos notar que diversos autores afastam a prova inequívoca e a verossimilhança do *fumus boni iuris* e do *periculum in mora*, e que Sérgio Pinto Martins os trata como se sinônimos fossem. Marinoni[63] também entende dessa forma quando diz:

> [...] a relevância do fundamento da demanda é justamente o *fumus boni iuris* — portanto, a verossimilhança suficiente para a concessão da tutela. Entendemos que as expressões prova inequívoca e a verossimilhança do *fumus boni iuris* e do *periculum in mora* tratam da mesma coisa, apenas considerando maior ou menor grau de probabilidade. Ao exigir-se a fumaça do bom direito, entendemos que trata-se de uma situação mais superficial, enquanto a prova inequívoca e a verossimilhança, apesar de não ser exauriente, deve ser robusta, capaz de fazer o juiz dizer um provável direito.

---

[61] MARTINS. *Tutela antecipada e tutela específica no processo do trabalho*, p. 41.

[62] PELICIOLI. *A antecipação da tutela no direito brasileiro*, p. 37.

[63] MARINONI. *A antecipação da tutela*, p. 157.

Zavascki[64] faz bem esta distinção:

> Atento, certamente, à gravidade do ato que opera restrição a direitos fundamentais, estabeleceu o legislador, como pressupostos genéricos, indispensáveis a qualquer das espécies de antecipação da tutela, que haja (a) prova inequívoca e (b) verossimilhança da alegação. O *fumus boni iuris* deverá estar, portanto, especialmente qualificado: Exige-se que os fatos examinados, com base na prova já carreada, possam ser tidos como fatos certos. Em outras palavras: diferentemente do que ocorre no processo cautelar (onde já juízo de plausibilidade quanto ao direito e de probabilidade quanto aos fatos alegados), a antecipação da tutela de mérito supõe verossimilhança quanto ao fundamento de direito, que decorre de (relativa) certeza quanto à verdade dos fatos.

Marinoni[65] também ensina que, para se chegar à verossimilhança, o juiz deve considerar: "(i) o valor do bem jurídico ameaçado, (ii) a dificuldade do autor provar sua alegação; (iii) a credibilidade, de acordo com as regras de experiência, da alegação; e (iv) a própria urgência descrita".

3.4.4 Do fundado receio de dano irreparável ou de difícil reparação

O inciso I do art. 273 do CPC trata do requisito da existência de fundado receio de dano irreparável ou de difícil reparação para a concessão da antecipação de tutela.

A tutela antecipada deverá ser deferida se necessária para evitar dano irreparável ou de difícil reparação. Caberá no caso da necessidade, não da conveniência de se obter a rápida satisfação do direito. Tem natureza preventiva.

Fábia Lima de Brito,[66] citando Marinoni, faz a seguinte distinção:

> Quando decorre de um dano já consumado, 'o dano irreparável ou de difícil reparação' (CPC, art. 273, inciso I), a tutela antecipada é

---

[64] ZAVASCKI. *Antecipação da tutela*, p. 75/76.

[65] MARINONI. *A antecipação da tutela*, p. 156.

[66] BRITO. *Perfil sistemático da tutela antecipada*, p. 71.

ressarcitória. Por seu turno, quando visa a prevenir ato contrário ao direito, a tutela antecipada é inibitória, porque fundada no "justificado receio de ineficácia do provimento final", que não é dano (CPC, art. 461, §3º e Código de Defesa do Consumidor, art. 84)

Estevão Mallet[67] nos ensina que:

> Pressuposto específico da medida prevista no inciso I, do art. 273, do CPC, é o 'fundado receio de dano irreparável ou de difícil reparação'. Não basta, portanto, a genérica vantagem advinda da rápida entrega, ainda que precária, da prestação jurisdicional. [...] Andou bem o Superior Tribunal de Justiça, portanto, ao ressaltar que a simples demora na solução da demanda não é suficiente para autorizar a antecipação de tutela (STJ – 1ª T., REsp. n. 113.368-PR, Rel. Min. José Delgado *in* DJU n. 93, de 19.5.97, pág. 20.593).

No mesmo sentido, Zavascki[68] diz que "se o risco, mesmo grave, não é iminente, não se justifica a antecipação da tutela". Aprofundando, completa:

> A alusão a "justificado" e a "fundado" receio, nos arts. 273 e 461, indica que a ameaça deve ser objetiva e real, não sendo suficiente o mero temor do requerente, desacompanhado de elementos que concretamente respaldem o alegado. Nesse ponto, a atividade cognitiva do juiz não se limita à mera apreciação sumária da alegação, envolvendo cognição exauriente. O perigo deve, pois, existir e ser provado.

Para nós, a melhor análise vem de Marinoni:[69]

> Para avaliar se o dano é irreparável ou não, portanto, há que considerar não apenas a natureza do direito ameaçado, como também a condição pessoal de seu titular. Impõe-se apreciar, assim, caso a caso, a função desempenhada concretamente pelo direito e a conseqüência advinda de seu desrespeito. Se o direito ameaçado é de conteúdo não patrimonial (como a liberdade de expressão, liberdade de reunião ou, no campo trabalhista, a liberdade de sindicalização), qualquer lesão produzida reveste-se necessariamente

---

[67] MALLET. *Antecipação da tutela no processo do trabalho*, p. 59-60.
[68] ZAVASCKI. *Antecipação da tutela*, p. 77.
[69] MARINONI. *A antecipação da tutela*, p. 158-159.

do atributo da irreparabilidade, já que por definição o direito é insubstituível por equivalente pecuniário. Tratando-se, outrossim, de direito fundamental, a mesma irreparabilidade se manifesta. Consoante pondera *Cappelletti*, a satisfação obtida tardiamente ou por via indireta mediante equivalente pecuniário, '*é incompatibile com la natura stessa del diritto 'fondamentale', perché questo è fondamentale por cio appunto che il bene, che ne constituisce l' oggetto, è insostituibile com altri oggetti.*' Já se o direito violado ou apenas ameaçado possui conteúdo patrimonial, ainda assim vislumbra-se a possibilidade de dano irreparável em caso de inadimplemento, seja por desempenhar esse direito, necessariamente, função não patrimonial (como os alimentos do direito comum), ou por caber-lhe, em concreto e diante da condição pessoal de seu titular, tal função (**como os salários devidos ao empregado que não possui outra fonte de renda**). Em todas as hipóteses referidas, sendo irreparável o prejuízo sofrido, tem cabimento a antecipação de tutela.

3.4.5 Do abuso de direito de defesa ou manifesto propósito protelatório

Em face da existência do direito de se defender, há doutrinadores que dizem ser impossível falar em abuso de direito de defesa.[70] É que, para esses autores, quando se exerce um direito, não se pode considerar o exercício um abuso. Planiol é adepto dessa teoria e diz que, se se faz uso do direito, então, o ato é lícito.

A tese, com a qual não concordamos, é bem exposta pelo Professor Rosemiro Pereira Leal,[71] que entende haver um equívoco do CPC, eis que a abusividade somente poderia ser apurada em procedimento próprio:

> Ora, defesa abusiva é inegável paradoxo, porque, se é direito de defesa, não pode ser abusivo. Direito de defesa é instituto processual que se define atualmente pelos conteúdos de garantia constitucional, não tendo, por conseguinte, *in se*, abusividade intrínseca. O abuso é ato do operador do direito e não de direito de defesa em si.

---

[70] LEAL. Antecipação de tutela legal em face de defesa abusiva e manifesto propósito protelatório na teoria do processo. *Revista Síntese do Direito Civil e Processual Civil*, p. 48.

[71] LEAL. Antecipação de tutela legal em face de defesa abusiva e manifesto propósito protelatório na teoria do processo. *Revista Síntese do Direito Civil e Processual Civil*, p. 48.

Fernando Luis França[72] separa três teorias quanto ao abuso do direito de defesa. A primeira nega a existência do abuso de direito. A segunda o admite em parte, basicamente dizendo que alguns direitos têm limites legais, e podem ter o abuso caracterizado, enquanto outros podem ser exercidos sem encontrar limites na lei, e o exercício não pode ser considerado abuso. E a terceira consagra a existência do abuso.

Estevão Mallet[73] assim o conceitua:

> Abusar de um direito consiste, segundo a definição de *Ripert*, em tornar aparentemente legítimo o ato que não deve ser praticado. Abusar do direito de defesa, portanto, não é mais do que praticar, no curso do processo, atos indevidos, desnecessários ou ainda impertinentes.

O autor considera, ainda, o propósito protelatório como uma hipótese do abuso do direito de defesa.

É certo que o legislador fez a distinção quando diz, no art. 273, II, "abuso de direito de defesa **ou** manifesto propósito protelatório".

Fazendo a distinção, Zavascki[74] nos ensina:

> Ora, a referência a abuso do direito de defesa demonstra que o legislador está se referindo a atos praticados para defender-se, ou seja, a atos processuais (v.g., os do art. 14, III e IV, do CPC). Já o manifesto propósito protelatório há de ser assim considerado o que resulta do comportamento do réu — atos e omissões — fora do processo, embora, obviamente, com ele relacionados. Por exemplo: ocultação de prova, não atendimento de diligência, simulação de doença.

Na hipótese de abuso e intenção protelatória não é necessário o fundado receio de dano irreparável ou de difícil reparação. A tutela será antecipada se verificado o abuso.

---

[72] FRANÇA. *A antecipação de tutela* ex officio, p. 36-48.

[73] MALLET. *Antecipação da tutela no processo do trabalho*, p. 65.

[74] ZAVASCKI. *Antecipação da tutela*, p. 77.

CAPÍTULO 4

ANTECIPAÇÃO DA TUTELA ESPECÍFICA QUANTO ÀS OBRIGAÇÕES DE FAZER E NÃO FAZER

4.1 Aspectos gerais

Deilton Ribeiro Brasil,[75] citando a clássica lição de Chiovenda,[76] nos ensina que:

> O objetivo do processo é proporcionar um resultado prático seme-lhante àquele que adviria do cumprimento espontâneo da obrigação pelo titular do dever jurídico. Como dizia Giuseppe Chiovenda, "na medida em que for faticamente possível, o processo deve propor-cionar a quem tem um direito tudo aquilo e precisamente aquilo que ele tem o direito de obter".

No mesmo sentido, Zavascki[77] leciona:

> O processo, instrumento que é para a realização de direitos, so-mente obtém êxito integral em sua finalidade quando for capaz de gerar, pragmaticamente, resultados idênticos aos que decorreriam do cumprimento natural e espontâneo das normas jurídicas. Daí dizer-se que o processo ideal é o que dispõe de mecanismos aptos a produzir ou a induzir a concretização do direito mediante a entrega

---

[75] BRASIL. *Tutela específica das obrigações de fazer e não fazer*, p. 71.

[76] CHIOVENDA. *Principii di diritto processuale civile*, passim.

[77] ZAVASCKI. *Antecipação da tutela*, p. 137.

da prestação efetivamente devida, da prestação *in natura*. E quando isso é obtido, ou seja, quando se propicia, judicialmente, ao titular do direito, a obtenção de tudo aquilo e exatamente daquilo que pretendia, há prestação de tutela jurisdicional específica.

Talamini[78] lembra que, "sob o prisma do direito material, sempre houve a absoluta preferência pelo resultado (e pelo cumprimento) específico. Faltavam — é verdade — instrumentos processuais que refletissem de modo mais claro tal desígnio do ordenamento substancial".

Humberto Theodoro Júnior,[79] analisando a evolução do processo, nos diz:

> O sonho de CHIOVENDA, tão contestado a seu tempo, acabou se transformando em regra expressa dos CPC do século XX, no primeiro grande impulso dado na direção de consagrar a função instrumental do processo e de valorizar a efetividade da prestação jurisdicional. Os primeiros ensaios, porém, do uso do poder cautelar genérico foram caracterizados pela sua limitação às providências conservativas. A idéia dominante continuava a ser a de que a esfera patrimonial do autor somente poderia ser beneficiada com medidas satisfativas depois que a obrigação do réu fosse acertada, definitivamente, por sentença transitada em julgado. As medidas cautelares, nesse modo de ver, preservariam os bens necessários ao futuro cumprimento da provável sentença de mérito que provavelmente a parte alcançaria, mas não poderiam submeter o réu desde logo a satisfazer, nem mesmo provisoriamente, o direito material subjetivo do demandante ainda sob o crivo da litigiosidade. O poder geral de cautela deveria voltar-se apenas para providências neutras em face do direito material controvertido e aptas a proteger tão-somente o processo, resguardando-lhe a eficácia prática quando afinal viesse a desaguar no provimento definitivo de mérito.
>
> Logo, porém, se sentiu, na evolução do processo comprometido com sua função social que, em muitos casos, a efetividade da tutela jurisdicional perdia substância se não se assegurasse a pronta satisfação do direito material da parte. Em tais situações não haveria

---

[78] TALAMINI. *Tutela relativa aos deveres de fazer e de não fazer*: e sua extensão aos deveres de entrega da coisa (CPC, arts. 461 e 461-A, CDC, art. 84), p. 37.

[79] THEODORO JÚNIOR. Tutela específica das obrigações de fazer e não fazer. *Revista Síntese do Direito Civil e Processual Civil*, p. 21

como aguardar-se a coisa julgada e, assim, começaram a surgir vários procedimentos especiais em que as medidas liminares satisfativas eram franqueadas ao demandante.

E com o objetivo de fazer cumprir as obrigações de fazer e não fazer, e alcançar a almejada efetividade, a reforma processual, ocorrida com a Lei nº 8.952/1994, deu nova redação ao art. 461 do CPC:

Art. 461. Na ação que tenha por objeto o cumprimento de obrigação de fazer ou não fazer, o juiz concederá a tutela específica da obrigação ou, se procedente o pedido, determinará providências que assegurem o resultado prático equivalente ao do adimplemento.

§1º A obrigação somente se converterá em perdas e danos se o autor o requerer ou se impossível a tutela específica ou a obtenção do resultado prático correspondente.

§2º A indenização por perdas e danos dar-se-á sem prejuízo da multa (art. 287).

§3º Sendo relevante o fundamento da demanda e havendo justificado receio de ineficácia do provimento final, é lícito ao juiz conceder a tutela liminarmente ou mediante justificação prévia, citado o réu. A medida liminar poderá ser revogada ou modificada, a qualquer tempo, em decisão fundamentada.

§4º O juiz poderá, na hipótese do parágrafo anterior ou na sentença, impor multa diária ao réu, independentemente de pedido do autor, se for suficiente ou compatível com a obrigação, fixando-lhe prazo razoável para o cumprimento do preceito.

§5º Para a efetivação da tutela específica ou para a obtenção do resultado prático equivalente, poderá o juiz, de ofício ou a requerimento, determinar as medidas necessárias, tais como a busca e apreensão, remoção de pessoas e coisas, desfazimento de obras, impedimento de atividade nociva, além de requisição de força policial.

Trata-se de evolução do processo civil, como já dito. Dinamarco[80] observa:

Os arts. 461 e 461-A do Código de Processo Civil representam uma promissora abertura para o superamento de barreiras à plena efetividade das decisões judiciárias. Rompendo preconceitos, mandam que o juiz exerça legítimas *pressões psicológicas* sobre o sujeito

---

[80] DINAMARCO. *Instituições de direito processual civil*, p. 293.

condenado por obrigação de fazer, de não-fazer ou de entregar coisa certa, para que cesse suas resistências indesejadas pelo direito e cumpra a obrigação (§§2º, 4º e 5º); mandam ainda que, não obtido esse resultado em relação às obrigações de conduta, ele determine "providências que assegurem o resultado prático equivalente ao adimplemento" (*caput*). Essas novas disposições trazidas pelas duas *Reformas do Código de Processo Civil* têm o grande mérito de superar irracionais preocupações ligadas ao mito da *intangibilidade* da vontade e da própria pessoa, as quais foram no passado responsáveis pela crença na inadmissibilidade de execução específica por obrigações de não fazer.

Há muito a execução evoluiu da pessoa do devedor para o patrimônio do devedor,[81] e o processo civil vem evoluindo no sentido de alcançar a efetividade.

4.2 Conceito de tutela específica

Sérgio Pinto Martins[82] assim conceitua a tutela específica:

> A tutela específica é uma das espécies da tutela jurisdicional, que vai antecipar o mérito do pedido antes da sentença final, por meio da medida liminar; daí por que se antecipar a satisfação do processo, ainda que de maneira provisória, pois a decisão poderá ser modificada ou revogada a qualquer tempo.
>
> Por tutela específica deve-se entender a tutela direta, que tem por objetivo proporcionar ao credor o mesmo resultado prático da hipótese da existência do adimplemento da obrigação. A tutela inespecífica ou indireta seria aquela que diria respeito à imposição de multa ou perdas e danos pelo descumprimento da obrigação, estabelecendo uma compensação pela obrigação não cumprida.

Talamini[83] ressalta a distinção entre "tutela específica" e "resultado prático equivalente" e conceitua:

> *Específica* é a tutela que tende à consecução de bens jurídicos outros, que não dinheiro. Mais precisamente, *tutela específica* (categoria que

---

[81] BARRETO. *Execução civil e trabalhista*, p. 228.

[82] MARTINS. *Tutela antecipada e tutela específica no processo do trabalho*, p. 105-106.

[83] TALAMINI. *Tutela relativa aos deveres de fazer e de não fazer: e sua extensão aos deveres de entrega da coisa* (CPC, arts. 461 e 461-A, CDC, art. 84), p. 230.

abrange — mas não se limita a — *execução específica*) é a que visa ao exato resultado jurídico que se teria, se não houvesse a necessidade do processo, em todos aqueles casos em que esse resultado final não consista na mera satisfação de uma dívida pecuniária. [...] Não é possível identificar o 'resultado prático equivalente' com a figura do *ressarcimento de forma específica*. Este visa a reparar as conseqüências do *dano* derivado da violação — peculiarizando-se apenas por consistir em indenização em *espécie*, e, não em pecúnia. Enquadra-se, portanto, na categoria de 'perdas e danos' — à qual se contrapõe na clara expressão da lei, a 'obtenção de resultado prático correspondente' (art. 461, §1º).

Marinoni[84] trata das várias tutelas fundadas no art. 461 do CPC, lembrando que a doutrina ainda não se preocupou com o instituto da tutela inibitória. O autor ensina que as técnicas processuais presentes no art. 461 do CPC viabilizam a concessão de várias tutelas, uma vez que tal norma permite:

> [...] a imposição de fazer ou de não fazer por meio das técnicas nele presentes, e esta possibilidade — de imposição de fazer ou de não fazer — é que viabiliza a prestação de várias tutelas.

Humberto Theodoro Júnior[85] assim conceitua:

> Entende-se por execução *específica* aquele processo de execução forçada que afeta a esfera patrimonial do devedor em busca de proporcionar ao credor exatamente o mesmo bem que, segundo o vínculo obrigacional, deveria ter sido entregue ou restituído por meio do voluntário cumprimento da prestação devida. É o que também se denomina execução *in natura*.

Nelson Rodrigues Netto[86] faz a seguinte distinção:

> [...] é específica a tutela sempre que o provimento jurisdicional coincidir com o objeto material de que trata, *v.g.*, o processo que confere ao autor — que no plano do direito material faz jus ao pagamento

---

[84] MARINONI. *Tutela inibitória (individual e coletiva)*, p. 114-115.

[85] THEODORO JÚNIOR. Tutela específica das obrigações de fazer e não fazer. *Revista Síntese do Direito Civil e Processual Civil*, p. 20.

[86] NETTO. *Tutela jurisdicional específica, mandamental e executiva* lato sensu, p. 137.

de um valor em dinheiro —, exatamente este bem jurídico (valor em dinheiro) é específica; do mesmo modo é específica a tutela que impede o uso indevido por terceiros de uma marca comercial de propriedade do autor.

Em contrapartida, não é específica a tutela quando o autor não consegue obter especificamente o objeto de sua pretensão, transmudando-se em uma reparação pecuniária. Adotando-se o último exemplo, quando o uso indevido da marca já ocorreu, restando somente o direito do autor em receber uma reparação pecuniária por eventuais prejuízos que tenha sofrido.

4.3 Obrigações de fazer e não fazer

Obrigação, no dizer de Washington de Barros Monteiro,[87] é "a relação jurídica, de caráter transitório, estabelecida entre devedor e credor, cujo objeto consiste numa prestação pessoal, econômica, positiva ou negativa, devida pelo primeiro ao segundo, garantindo-lhe o adimplemento através de seu patrimônio".

A doutrina mais moderna admite obrigações sem cunho econômico ou patrimonial, como nos ensina José Roberto Freire Pimenta:[88]

> Embora a doutrina civilista tradicional e até mesmo a contemporânea (cf. Clóvis BEVILÁQUA, Maria Helena DINIZ e Washington de BARROS MONTEIRO) atribua a essa vantagem caráter necessariamente econômico, tal não é mais o entendimento predominante a respeito. Como bem acentua Carlyle POPP (*in* Execução das obrigações de fazer, op. cit., p. 82, nota 200), a doutrina mais moderna admite a existência de obrigações de caráter exclusivamente ou predominantemente não-patrimonial, como também há muito vem fazendo PROTO PISANI, no âmbito da doutrina italiana, inclusive para enfatizar a inidoneidade insuperável dos meios de atuação coativa sub-rogatórios, genéricos ou específicos, para obtenção de uma tutela adequada no caso seu inadimplemento.

---

[87] MONTEIRO. *Curso de direito civil*: direito das obrigações, p. 8.

[88] PIMENTA. *A tutela antecipatória e específica das obrigações de fazer e não fazer e a efetividade da jurisdição*: aspectos constitucionais, cíveis e trabalhistas, em nota f. 506-507.

É necessário observar que a palavra "obrigação" inserida no art. 461 do CPC "é utilizada num sentido abrangente de toda e qualquer prática de um ato, seja ela positiva ou negativa".[89] Distinguem-se, ainda, as obrigações de dar e fazer. Alguns autores, conforme nos informa Manoel Antônio Teixeira Filho,[90]

> [...] não admitem qualquer diferenciação entre as obrigações de dar e de fazer, afirmando uns que a segunda é gênero da qual a primeira figura como simples espécie, e outros que essa distinção é destituída de qualquer utilidade prática.
>
> Não negamos que as obrigações de dar, sob certo aspecto, também são de fazer, na medida em que participam da natureza desta. Examinadas, porém, ambas as modalidades obrigacionais com maior rigor técnico, verificaremos que as diferenças entre elas são significativas, justificando, com isso, o fato de serem disciplinadas, legalmente, em capítulos diversos. Com efeito, um dos traços distintivos mais nítidos está na prestação a ser realizada: enquanto nas obrigações de dar consiste na entrega de uma coisa, seja certa ou incerta, na de fazer essa prestação se traduz num ato, serviço ou atividade, por parte do devedor.
>
> Em termos concretos, portanto, devemos levar em conta se o devedor, para satisfazer a obrigação de dar (ou entregar) não precisa, antes, elaborá-la, produzi-la, ou, se, ao contrário, haverá necessidade de a coisa ser previamente elaborada; no primeiro caso, a obrigação será tipicamente de dar; no segundo, de fazer.

Talamini[91] mostra preferência pelo termo "deveres de fazer e não fazer" ao termo "obrigações de fazer e não fazer", entendendo que "o sistema de tutelas estabelecido a partir do art. 461 não se limita às obrigações propriamente ditas. Estende-se a todos os deveres jurídicos cujo objeto seja um fazer ou um não fazer".[92] O autor faz a seguinte distinção:

---

[89] NETTO. *Tutela jurisdicional específica, mandamental e executiva* lato sensu, p. 132.

[90] TEIXEIRA FILHO. *Execução no processo do trabalho*, p. 295.

[91] TALAMINI. *Tutela relativa aos deveres de fazer e de não fazer*: e sua extensão aos deveres de entrega da coisa (CPC, arts. 461 e 461-A, CDC, art. 84), p. 126-127.

[92] TALAMINI. *Tutela relativa aos deveres de fazer e de não fazer*: e sua extensão aos deveres de entrega da coisa (CPC, arts. 461 e 461-A, CDC, art. 84), p. 126-127, informa, em nota de rodapé, que no mesmo sentido encontram-se: "Dinamarco, A reforma, n. 110, p. 149; Watanabe, Tutela... n. 29-30, p. 40-41; ZAVASCKI. *Antecipação da tutela*, n. 2, p. 114; Marinoni, Tutela inibitória, parte 1, n. 3.9, p. 75-76; Ovídio B. da Silva, Ação para cumprimento... n. 12, p. 267-268".

Dever Jurídico é a imposição jurídica da observância de determinado comportamento ativo ou omissivo, passível de ser resguardada por sanção. Pela circunstância de impor uma prestação positiva ou negativa, o dever jurídico distingue-se do estado de sujeição (contraface dos direitos potestativos), que é a simples submissão do sujeito a efeitos extintivos, modificativos ou constitutivos de direito que se produzam em sua esfera jurídica — independente de conduta sua. [...]

A obrigação, em sentido técnico, é apenas uma das categorias de dever jurídico. Discute-se quais são precisamente os elementos que a especializam entre os deveres jurídicos. A patrimonialidade, em outras épocas, foi frequentemente apontada como o traço peculiarizador da obrigação. No entanto, hoje, ora é negada como atributo essencial, ora é justificada em termos tão amplos que não permitem funcionar como aspecto diferenciador (aptidão de o inadimplemento ser reparado, compensado ou combatido coercitivamente mediante sanções com conteúdo econômico. O seu inegável caráter relativo (a circunstância de a prestação recair sobre determinadas pessoas — não sendo exigível *erga omnes*) tampouco é suficiente para distingui-la de inúmeros deveres a que específicos sujeitos estão vinculados e que ninguém qualificaria como obrigacionais (ex.: o dever cívico de votar).

Conceituando obrigações de fazer e não fazer, Carreira Alvim[93] leciona:

A obrigação de fazer é aquela que tem por objeto a prática de um ato pelo devedor; a obrigação de não fazer é aquela que tem por objeto uma abstenção (omissão) do devedor, ou uma tolerância deste no sentido de "não oferecer resistência a fato natural, ou à atividade de outrem, ou a resultado desta ou daquele.

No mesmo sentido, Alexandre Agra Belmonte,[94] afirma:

São de fazer as obrigações em que a prestação consiste: a) na realização de um serviço ou tarefa (empreitada, trabalho subordinado, feitura de uma tela, realização de um conserto etc.), ou, b) na prática de um ato jurídico de realização pessoal (outorga de uma escritura definitiva, liberação do F.G.T.S., ou assinatura da C.T.P.S. do empregado etc.). [...]

---

[93] ALVIM. *Tutela específica das obrigações de fazer e não fazer*, p. 53-54.
[94] BELMONTE. *Instituições civis no direito do trabalho*, p. 195-197.

São as de não fazer, obrigações onde o comportamento do devedor consiste numa: a) tolerância ou paciência à realização, por outrem, de uma atividade (por exemplo, de permitir a passagem do vizinho por uma servidão no terreno do devedor, de subordinar-se o empregado ao comando patronal), ou b) abstenção à prática de uma atividade ou ato (por exemplo, o compromisso do devedor de não instalar determinado negócio do mesmo ramo do credor numa determinada rua, de não construir a partir de determinado gabarito, de não fazer concorrência desleal ao empregador).

As obrigações de fazer mais comuns, no processo do trabalho, são as de entregar o termo de rescisão de contrato de trabalho para fins de levantamento do FGTS, entregar guias de seguro desemprego, efetuar promoção funcional, reintegrar empregado estável, anotar CTPS e emitir declaração de atividades exercidas para comprovação junto ao INSS.

As obrigações de não fazer não são comuns, mas podemos citar a de não transferir empregado, não alterar horário de trabalho, não impor contribuições sindicais a não associados e não impor contribuições sindicais a associados sem o direito de oposição.

4.4 Obrigações fungíveis e não fungíveis

O *caput* do art. 461 do CPC traz a expressão "resultado prático equivalente". Ao tratar de assegurar tal resultado, estaremos diante das obrigações fungíveis.

Talamini[95] leciona que o dever será infungível:

a) quando, mediante análise objetiva, concluir-se que o cumprimento por terceiro não representará jamais resultado identificável ao que se teria com a conduta do próprio réu (infungibilidade natural);

b) quando, embora podendo a atuação de terceiro gerar o mesmo resultado, houver sido estabelecido, em negócio jurídico que instituiu a obrigação, a necessidade de cumprimento pelo próprio devedor (infungibilidade convencional).

---

[95] TALAMINI. *Tutela relativa aos deveres de fazer e de não fazer*: e sua extensão aos deveres de entrega da coisa (CPC, arts. 461 e 461-A, CDC, art. 84), p. 289-290.

As obrigações infungíveis devem ser cumpridas pelo próprio devedor e as fungíveis podem ser cumpridas por terceiros às custas do devedor.

Deilton Ribeiro Brasil,[96] citando Ada Pellegrini Grinover,[97] leciona que "o art. 461 aplica-se a todas as obrigações de fazer e não fazer, fungíveis ou infungíveis..."

Humberto Theodoro Júnior[98] ensina sobre os meios que a lei propicia para a busca do resultado na tutela específica:

> Comprometido o processo moderno com a execução específica das obrigações de fazer e não fazer, a lei haverá de propiciar à parte meios imperativos para buscar o resultado prático a que corresponde o direito subjetivo do credor. Variados poderão ser esses expedientes, se a obrigação for fungível, isto é, realizável por ato de terceiro; ficarão, todavia, restritos à cominação de multa (*astreinte*) se, por ser infungível, apenas o devedor puder realizar, pessoalmente, a prestação a que se obrigou.

4.5 Mecanismos de coerção e sub-rogação

As medidas que, sem depender da colaboração do devedor, podem levar ao resultado prático desejado são denominadas sub-rogatórias. Meios sub-rogatórios vêm a ser "todo e qualquer expediente adotado pelo juiz para alcançar, com ou sem a cooperação do devedor, o resultado correspondente à prestação devida".[99]

Atuando de forma a persuadir o obrigado a cumprir a decisão, o Estado impõe medidas coercitivas.

Fábia Lima de Brito[100] faz a seguinte distinção:

> Nas *medidas coercitivas* (as multas e a prisão civil) o Estado atua sobre a vontade do demandado — são medidas de pressão psicológica que objetivam persuadir o obrigado a cumprir a decisão judicial por si próprio, por deliberação própria. No que tange às *medidas*

---

[96] BRASIL. *Tutela específica das obrigações de fazer e não fazer*, p. 115.

[97] GRINOVER. Tutela jurisdicional nas obrigações de fazer e não fazer. *Revista de Processo*, p. 70.

[98] THEODORO JÚNIOR. Tutela específica das obrigações de fazer e não fazer. *Revista Síntese do Direito Civil e Processual Civil*, p. 29.

[99] THEODORO JÚNIOR. Tutela específica das obrigações de fazer e não fazer. *Revista Síntese do Direito Civil e Processual Civil*, p. 29.

[100] BRITO. *Perfil sistemático da tutela antecipada*, p. 77-78.

sub-rogatórias, o Estado atua como substituto do devedor, isto é, atua diretamente sobre as obrigações de fazer, de não fazer e de entregar coisa. São medidas de apoio que objetivam, elas próprias, a produção do resultado prático equivalente veiculado na sentença, independentemente da vontade ou da colaboração do obrigado. Por isso, diz-se que são medidas sub-rogatórias.

A enumeração legal contida no §5º do art. 461 do CPC é exemplificativa, compreendendo qualquer medida que o magistrado considerar compatível com o objetivo de alcançar a tutela efetiva. Talamini[101] leciona:

A enumeração de medidas constante do §5º não é exaustiva — o que se depreende da locução conjuntiva "tais como", que a antecede. Este é o entendimento assente.

O §5º[102] do art. 461 do CPC diz:

§5º Para a efetivação da tutela específica ou obtenção do resultado prático equivalente, poderá o juiz, de ofício ou a requerimento, determinar as medidas necessárias, tais como a imposição de multa por tempo de atraso, busca e apreensão, remoção de pessoas e coisas, desfazimento de obras e impedimento de atividade nociva, se necessário com requisição de força policial.

As medidas de apoio serão utilizadas "tanto para a efetivação da liminar da tutela específica como para o cumprimento do julgado".[103]

4.5.1 Multa

Um dos mecanismos de coerção permitidos ao juiz é a imposição da multa. Talamini[104] ensina:

A ordem emitida pelo juiz far-se-á acompanhar de mecanismos coercitivos. Assim, o §4º. Do art. 461 autoriza expressamente a

---

[101] TALAMINI. *Tutela relativa aos deveres de fazer e de não fazer*: e sua extensão aos deveres de entrega da coisa (CPC, arts. 461 e 461-A, CDC, art. 84), p. 270.

[102] Nova redação conferida pela Lei nº 10.444, de 07 de maio de 2002.

[103] MARTINS. *Tutela antecipada e tutela específica no processo do trabalho*, p. 147-148.

[104] TALAMINI. *Tutela relativa aos deveres de fazer e não fazer*: CPC, art. 461, CDC, art. 84, p. 239-240.

imposição de multa diária, até de ofício, para o caso de descumprimento do comando judicial contido na sentença ou na decisão que antecipe a tutela. Trata-se de instrumento destinado a induzir o réu a cumprir o mandado. Não tem caráter ressarcitório ou compensatório. Já não bastasse antes existir sólida doutrina descartando-lhe a finalidade indenizatória, o §2º. Do art. 461 veio a confirmar essa orientação: 'A indenização por perdas e danos far-se-á *sem prejuízo da multa'*.

A multa poderá ser fixa ou por dia de atraso. Fábia Lima de Brito,[105] citando Zavascki,[106] observa que:

[...] a multa diária (periódica, em nova concepção dada pelo §6º) é mecanismo destinado a propiciar o cumprimento da obrigação positiva, ou seja, de fazer ou de entregar coisa. Assim, em havendo descumprimento, a multa incidirá incontinenti, cessando somente com o advento da prestação devida; logo, pressupõe obrigação violada. Todavia, assevera o jurista, quando se tratar de obrigação negativa, ocorre fenômeno diverso; o objetivo a ser alcançado é justamente a não-ocorrência da ação (a omissão); por isso a multa mais adequada terá que ser de valor fixo — a multa fixa, "que não incidirá imediatamente, mas apenas se houver violação da obrigação, ou seja, apenas se houver ação". Esse objetivo de evitar a prática da lesão constitui o instituto da tutela inibitória.

Humberto Theodoro Júnior[107] ressalta as inovações no emprego da multa nas obrigações de fazer e não fazer trazidas pelo art. 461 do CPC:

a) a aplicação da multa não se liga a poder discricionário do juiz; sempre que esta for "suficiente e compatível com a obrigação" (art. 461, §4º), terá o juiz de aplicá-la. "Só ficará descartado o emprego da multa quando esta revelar-se absolutamente inócua ou descabida em virtude das circunstâncias".[108]

---

[105] BRITO. *Perfil sistemático da tutela antecipada*, p. 79.
[106] ZAVASCKI. Antecipação da tutela e obrigações de fazer e de não fazer. *Gênesis – Revista de Direito Processual Civil*, p. 114-115.
[107] THEODORO JÚNIOR. Tutela específica das obrigações de fazer e não fazer. *Revista Síntese do Direito Civil e Processual Civil*, p. 30.
[108] TALAMINI. *Tutela relativa aos deveres de fazer e não fazer*: CPC, art. 461, CDC, art. 84, p. 236.

b) uma vez cabível a multa, o juiz não dependerá de requerimento da parte para aplicá-la; deverá fazê-lo de ofício, conforme prevê o art. 461, §4º.

c) o juiz não pode simplesmente multar o devedor; deve, sempre que usar a *astreinte*, fixar "prazo razoável para cumprimento da obrigação" (art. 461, §4º); somente depois de seu escoamento é que, persistindo o inadimplemento, o devedor estará sujeito à pena cominada.

d) não apresenta a lei parâmetros obrigatórios para a fixação da multa; cabe ao juiz agir com prudência a fim de arbitrar multa que seja, segundo o mandamento legal, "suficiente ou compatível" com a obrigação. [...]

e) a multa tanto pode ser aplicada pela sentença final de mérito, como por medida de antecipação de tutela (art. 461, §4º). [...]

f) a multa uma vez fixada não se torna imutável, pois ao juiz da execução atribui-se poder de ampliá-la ou reduzi-la, para mantê-la dentro de parâmetros variáveis, mas sempre necessários, da "suficiência" e da "compatibilidade". [...]

g) a multa vigora a partir do momento fixado pela decisão, o qual se dará quando expirar o prazo razoável assinado pelo juiz para o cumprimento voluntário da obrigação. Vigorará, outrossim, crescendo dia a dia, enquanto durar a inadimplência e enquanto for idônea para pressionar o devedor a realizar a prestação devida.

O entendimento predominante é de que a multa pertence ao demandante, conforme ensina Nelson Rodrigues Netto:[109]

A nossa lei é omissa no tocante ao beneficiário da multa coercitiva, todavia, o entendimento predominante é de que ela deve se reverter em favor do demandante.

Citando Marcelo Lima Guerra, Nelson Rodrigues Netto[110] aponta os motivos que levam a esse entendimento:

Em primeiro lugar, assevera o aludido processualista que, caso não fosse o autor o beneficiário da multa, e sim o Estado, deveria haver expressa autorização legal para o exercício da legitimidade extraordinária por parte do primeiro (art. 6º do CPC).

---

[109] NETTO. *Tutela jurisdicional específica, mandamental e executiva* lato sensu, p. 144.

[110] NETTO. *Tutela jurisdicional específica, mandamental e executiva* lato sensu, p. 144. Cf. Execução Indireta, p. 209.

O doutrinador ressalta ainda que as eventuais dificuldades do Estado em promover a cobrança da multa, principalmente por problemas burocráticos e de carência de meios materiais e pessoais, provocaria a perda da eficácia como meio coativo.

Em segundo lugar, o preclaro autor se vale de uma interpretação analógica, aproximando o artigo 461 do artigo 601, do CPC, pois este último prevê uma sanção pecuniária contra aqueles que cometem atos atentatórios à dignidade da Justiça. Essa sanção é paga à vítima de tais atos e não ao Estado.

O ponto de semelhança estaria, portanto, no fato de que ambas as multas não são diretamente decorrentes do direito material deduzido em juízo. Contudo, a multa do art. 461 tem natureza coercitiva, ao passo que a do art. 601 tem natureza punitiva.

Talamini[111] ressalva que, "no processo coletivo, o crédito derivado da multa destina-se aos 'fundos' de que tratam o art. 13 da Lei 7.347/85 (v. Dec. 1.306/94, art. 2º) e o art. 214 da Lei 8.069/90".

Conforme a letra da lei (art. 461, §2º), a multa não se confunde com perdas e danos - - pelo contrário, são cumulativas. "A multa não tem caráter ressarcitório ou compensatório."[112] Ela não guarda equivalência com o dano causado, podendo até ultrapassá-lo.

Carreira Alvim[113] faz a seguinte distinção:

[...] não existe uma limitação na fixação da multa, ao contrário do que acontece com perdas e danos. A primeira pode exceder o valor da obrigação principal, mesmo porque não se destina a substituí-la, senão a obter o seu cumprimento. Cumprida a obrigação material, deixa de fluir a sanção processual. A segunda, ao contrário, dada a sua finalidade de proporcionar ao credor idêntico benefício ao que resultaria do cumprimento *in natura* da obrigação inadimplida, deve conter-se nos limites desta, sob pena de configurar enriquecimento ilícito de uma das partes em detrimento da outra. À luz do Código de Processo Civil anterior (art. 1.005[114] CPC-39), a cominação pecuniária não podia também exceder o valor da prestação.

---

[111] TALAMINI. *Tutela relativa aos deveres de fazer e de não fazer*: e sua extensão aos deveres de entrega da coisa (CPC, arts. 461 e 461-A, CDC, art. 84), p. 263.

[112] TALAMINI. *Tutela relativa aos deveres de fazer e de não fazer*: e sua extensão aos deveres de entrega da coisa (CPC, arts. 461 e 461-A, CDC, art. 84), p. 239.

[113] ALVIM. *Tutela específica das obrigações de fazer e não fazer*, p. 114-115.

[114] "Art. 1005. Se o ato só puder ser executado pelo devedor, o juiz ordenará, a requerimento do exeqüente, que o devedor o execute, dentro do prazo que fixar, sob cominação pecuniária, que não exceda o valor da prestação."

Se a obrigação não for satisfeita, seja de fazer ou não fazer, poderá ser convertida em perdas e danos. Para a conversão em perdas e danos, é necessário o requerimento da parte.

4.5.2 Prisão por descumprimento de ordem judicial

A prisão civil não está expressa no art. 461 do CPC, no entanto, pode ser incluída nas medidas de apoio. A sua aplicação é matéria controvertida, visto que a Constituição Federal proíbe a prisão civil por dívidas.

Talamini,[115] discorrendo sobre a prisão civil, faz a seguinte indagação:

> Os termos genéricos do art. 461, §5º, autorizam a cominação de prisão civil como meio coercitivo tendente à realização da *tutela específica*?

E responde que não:

> A resposta é negativa, em face da garantia inserida no art. 5º, LXVII, da Constituição Federal, que veda a prisão civil por dívida, salvo a do responsável pelo inadimplemento voluntário e inescusável de obrigação alimentícia e a do depositário infiel.

Lembra ele que autorizada doutrina entende possível a cominação de pena de prisão e a prisão pelo descumprimento de ordem judicial, esclarecendo que, no seu entendimento, ela não pode ocorrer já que a Constituição fez as ressalvas que entendia cabíveis e que somente naquelas exceções é que poderá ser decretada.

A melhor doutrina ensina que, determinada a medida de apoio, seu não atendimento poderá levar à prisão por descumprimento de ordem judicial.

Não se trata, pois, de prisão civil por dívida, mas prisão por descumprimento de ordem judicial.

José Roberto Freire Pimenta[116] entende que a prisão pode ser determinada em face de descumprimento de ordem judicial, desde

---

[115] TALAMINI. *Tutela relativa aos deveres de fazer e de não fazer*: e sua extensão aos deveres de entrega da coisa (CPC, arts. 461 e 461-A, CDC, art. 84), p. 301-302.

[116] PIMENTA. Tutela específica e antecipada das obrigações de fazer e não fazer no processo do trabalho: cominação de prisão pelo juízo do trabalho em caso de descumprimento do comando judicial. *Revista do Tribunal Regional do Trabalho*, p. 141-142.

que o réu tenha sido advertido da pena de prisão, cominada em face de obrigação de fazer e não fazer:

Se a natureza do provimento judicial antecipatório decorrente da aplicação do artigo 461 do CPC é *mandamental*, não se pode *a priori* negar a possibilidade de o próprio Juiz que o emitiu determinar a imediata prisão do destinatário que descumprir a ordem, caso considere que as demais medidas sancionatórias e sub-rogatórias por ele cominadas não serão suficientes para assegurar a tutela específica do direito do autor. Tal medida, se indispensável para levar o destinatário do comando sentencial a seu pronto e completo acatamento, não é ilegal — ao contrário, está expressamente autorizada pelo §5º do artigo 461 do CPC acima transcrito, que permite ao julgador determinar todas e quaisquer medidas necessárias para a efetivação da tutela específica ou para obtenção do resultado prático equivalente, mencionando expressamente a título exemplificativo a "requisição de força policial". E, portanto, não ofende ao princípio constitucional do devido processo legal, sendo, na verdade, um necessário desdobramento dele do ponto de vista dos autores, que fazem jus a uma tutela específica, plena e eficaz de seus direitos ameaçados.[117]

4.6 Pressupostos para concessão da tutela específica liminarmente

Os requisitos para a concessão liminar da tutela específica estão inseridos no §3º do art. 461 do CPC:

§3º Sendo relevante o fundamento da demanda e havendo justificado receio de ineficácia do provimento final, é lícito ao juiz conceder a tutela liminarmente ou mediante justificação prévia, citado o réu. A medida liminar poderá ser revogada ou modificada, a qualquer tempo, em decisão fundamentada.

---

[117] Das várias citações feitas pelo Prof. Freire Pimenta, de doutrinadores que convergem ao mesmo pensamento, destacamos Pontes de Miranda (*Comentários ao CPC*. 1. ed. Rio de Janeiro: Forense, 1976. XII, p. 449-450; *Comentários à Constituição de 1967 c/a em 1 de 1969*. 3. ed. Rio de Janeiro: Forense, 1987. p. 264-266), Luiz Guilherme Marinoni (*Novas linhas de processo civil*. São Paulo: Malheiros Editores, 2. ed. SP, 1996) e Kazuo Watanabe (Tutela antecipatória e tutela específica das obrigações de fazer e não fazer (arts. 273 e 461 do CPC). *In*: TEIXEIRA, Sálvio de Figueiredo (coord.). Reforma do Código de Processo Civil. São Paulo: Saraiva, 1996).

O "relevante fundamento da demanda" e o "justificado receio de ineficácia do provimento final" são considerados reprodução dos requisitos contidos no inciso I do art. 273 do CPC por Zavascki:[118]

> Trata o §3º do art. 461 do Código de Processo Civil da concessão da tutela por liminar ou mediante justificação prévia, citado o réu. Para que tal ocorra, supõe a lei dois requisitos: (a) relevância dos fundamentos e (b) risco de ineficácia do provimento final. São os mesmos previstos no art. 7º, II, da Lei n. 1.533, de 1951, que dão ensejo à concessão de medida liminar em mandado de segurança. E, conforme se fará ver quando do exame da antecipação de tutela naquela ação, há ali, apesar da diferença terminológica, reprodução dos requisitos para antecipação de tutela na hipótese do inciso I do art. 273 do Código de Processo Civil. Com efeito, 'fundamento relevante' enunciado de conteúdo equivalente a "verossimilhança da alegação"; e "justificado receio de ineficácia do provimento final" é expressão que traduz fenômeno semelhante a "fundado receio de dano irreparável ou de difícil reparação".[119]

Carreira Alvim[120] informa que "esses requisitos têm sido identificados como o *fumus boni iuris* e o *periculum in mora*, mas a relevância do fundamento da demanda é mais do que mera aparência do bom direito e o receio de ineficácia do provimento é apenas um dos tipos de *periculum in mora*".

Da mesma forma que o requisito da antecipação de tutela prevista no art. 273 do CPC, deve-se observar a probabilidade da ilicitude. Marinoni[121] ensina:

> O requerente da tutela inibitória antecipada deve demonstrar, em termos de *fumus boni iuris*, a probabilidade da ilicitude. Frise-se que aquilo que deve ser demonstrado é a probabilidade de ato contrário

---

[118] ZAVASCKI. *Antecipação da tutela*, p. 151.

[119] Em nota de rodapé, Zavascki diz que "Em sentido diverso, Nelson Nery Júnior entende que para o adiantamento da tutela de mérito na ação condenatória em obrigação de fazer ou não fazer, a lei exige menos do que para a mesma providência na ação de conhecimento *tout court* (CPC 273). É suficiente a mera probabilidade, isto é, a relevância do fundamento da demanda, para a concessão da tutela antecipatória da obrigação de fazer ou não fazer, ao passo que o CPC 273 exige, para as demais antecipações de mérito: a) prova inequívoca; b) o convencimento do juiz acerca da verossimilhança da alegação; c) ou o *periculum in mora* (CPC 273 I) ou o abuso do direito de defesa do réu (CPC 273 II" (ZAVASCKI. *Antecipação da tutela*, p. 77).

[120] ALVIM. *Tutela específica das obrigações de fazer e não fazer*, p. 136-137.

[121] MARINONI. *Tutela inibitória (individual e coletiva)*, p. 187.

ao direito, e não a probabilidade de dano. Assim, por exemplo, em uma ação destinada a impedir a repetição do uso indevido da marca, basta demonstrar a probabilidade de violação do direito à marca. Entretanto, além da probabilidade do ilícito, exige-se o que as normas dos arts. 461, §3º, CPC, e 84, §3º, CDC, chama de 'justificado receio de ineficácia do provimento final'. Há 'justificado receio de ineficácia do provimento final' quando há 'justificado receio' de que o ilícito (que pode ou não estar associado ao dano) seja praticado no curso do processo de conhecimento, isto é, em momento anterior àquele em que o provimento final pode ser executado.

Sérgio Pinto Martins[122] afirma:

> Na tutela antecipada, dois requisitos são necessários para sua concessão: (a) haja fundado receio de dano irreparável ou de difícil reparação; ou (b) fique caracterizado o abuso de direito de defesa ou o manifesto propósito do réu (incisos I e II do art. 273 do CPC). Verifica-se que a condição é alternativa: a medida pode ser concedida tanto se estiver presente apenas um dos requisitos dos itens a e b mencionados, como os dois.
>
> Na tutela específica de obrigação de fazer ou não fazer, há necessidade de fundamento relevante contido na petição inicial e justificado receio de ineficácia do provimento final.
>
> Ainda que não fique caracterizado o dano irreparável ou de difícil reparação, o juiz poderá conceder a tutela específica, a requerimento da parte, em pedido liminar, de maneira incidental, desde que após a contestação se verifique abuso de direito de defesa ou manifesto propósito protelatório do réu. Seria o caso de utilizar por analogia o inciso II do art. 273 do CPC, embora o art. 461 do CPC não reproduza o referido inciso, pois a tutela específica não deixa de ser espécie do gênero tutela e semelhante à tutela antecipada, podendo ficar evidenciado o abuso de direito de defesa ou manifesto propósito protelatório do réu o justificado receio de ineficácia do provimento final.

4.7 Decisão concessiva da antecipação da tutela específica

A tutela pode ser antecipada no início da lide, após a citação do réu, em sentença de mérito e até em fase de recurso.

---

[122] MARTINS. *Tutela antecipada e tutela específica no processo do trabalho*, p. 124.

Talamini[123] ensina:

A antecipação de tutela é viável a qualquer tempo e em qualquer fase do processo, desde que presentes seus requisitos. A menção, no art. 461, §3º., à possibilidade de o juiz "conceder a tutela liminarmente ou mediante justificação prévia" não significa a limitação da medida de urgência à fase inicial do processo. A regra presta-se a indicar que *inclusive initio litis* a antecipação é cabível — mas não só *initio litis*.

Por outro lado, a expressão 'citado o réu', presente no mesmo dispositivo, não impede o juiz de, se necessário, antecipar a tutela antes da contestação. A medida pode ser concedida inclusive "liminarmente". "Liminar" é a qualificação conferida ao ato que se pratica logo no início do processo, antes da citação ou da apresentação da defesa. A exigência de que o réu seja citado põe-se para a hipótese de o juiz, tendo dúvida acerca da presença dos requisitos para antecipar, designar para a aferição destes a audiência de justificação prévia.

Citando Nelson Nery Júnior,[124] Mauro Roberto Gomes de Mattos e Gibran Moysés Filho[125] tratam da antecipação de tutela recursal no processo trabalhista:

O mestre NELSON NERY JÚNIOR, com muita propriedade, enfoca relevante hipótese em que se torna inevitável o deferimento da tutela recursal antecipada, em oposição ferrenha a corrente minoritária que não admite a medida após a sentença de primeiro grau: "[...] proferida a sentença não há mais interesse processual na obtenção da medida, porque apreciada definitivamente a pretensão [...] pode ser, entretanto, que o autor tenha sentença a seu favor mas haja necessidade da execução dos efeitos da mesma sentença. Neste caso, é possível requerer a antecipação da tutela, com força de verdadeira execução provisória (CPC, arts. 587 e 588)".

Os autores ainda concluem que:

[...] a eficácia da tutela jurisdicional não se compadece com um mero direito de acesso aos Tribunais, ou a garantia da igualdade entre

---

[123] TALAMINI. *Tutela relativa aos deveres de fazer e de não fazer*: e sua extensão aos deveres de entrega da coisa (CPC, arts. 461 e 461-A, CDC, art. 84), p. 359-360.

[124] NERY JÚNIOR. *Atualidades sobre o processo*, p. 58.

[125] MATTOS; MOYSÉS FILHO. Antecipação de tutela recursal no processo trabalhista. *Síntese Trabalhista*, p. 35.

as partes e imparcialidade na decisão, pois esta demora se traduz, afinal, numa mera declaração de princípios, sem conseqüências de fato ao nível da esfera jurídica do particular ou da situação desprotegida. Tem-se, portanto, que a tutela jurisdicional em tempo útil, seja em primeiro grau, ou na esfera recursal, significa que a sentença ou acórdão que vierem a ser proferidos possam efetivamente servir às pretensões de quem os requerer.

CAPÍTULO 5

A ANTECIPAÇÃO DE TUTELA DE OFÍCIO NO PROCESSO DO TRABALHO

5.1 Necessidade da antecipação de tutela no processo do trabalho

Discorrendo sobre a inefetividade da tutela jurisdicional, o Prof. José Roberto Freire Pimenta[126] lembra que:

> É notório o efeito da inefetividade da tutela jurisdicional, no dia-a-dia das relações sociais em nosso país: normalmente é o devedor, aquele que deveria ter cumprido espontaneamente a norma, quem fala de modo irônico para aquele que dela seria beneficiário e foi lesado por sua conduta contrária ao Direito: *"Vá procurar seus direitos!"*, conduta infelizmente costumeira nas sociedades em que a prestação jurisdicional é inefetiva. Já nas sociedades do mundo anglo-saxão mas também da Europa Continental, onde a jurisdição é mais eficaz, em situações semelhantes a ameaça é outra, e em sentido diametralmente contrário. Nos Estados Unidos, por exemplo, a advertência, nos casos de litígio, em geral parte daquele que se considera o beneficiário da norma tida por descumprida, dizendo para o seu destinatário que resiste a cumprir espontaneamente a norma de direito material em questão: *"I will sue you"* (eu vou processá-lo), mecanismo através do qual o titular do direito freqüentemente dissuade o obrigado quanto a possíveis resistências

---

[126] PIMENTA. Tutelas de urgência no processo do trabalho: o potencial transformador das relações trabalhistas das reformas do CPC brasileiro. *In*: DELGADO *et al.*, p. 336-399.

injustas, como observa com acuidade Cândido R. DINAMARCO (*in* "A instrumentalidade do processo", São Paulo: Malheiros Editores, 1999, 7ª ed., p. 162). Verifica-se que, nestes últimos casos, a ameaça é daquele que em princípio seria o titular do direito material lesado ou ameaçado, porque sabe que pode contar com uma jurisdição efetiva, isto é, capaz de, com boa probabilidade, sancionar aquele que não cumpriu espontaneamente os preceitos de conduta estabelecidos pelo ordenamento jurídico em vigor e, desse modo, tornar desvantajoso ou menos vantajoso tal descumprimento.

Nesse mesmo trabalho, o ilustre jurista examina os motivos que levam ao descumprimento da norma trabalhista:

> [...] é fácil concluir que chega a ser elementar a causa fundamental de tão elevado número de litígios trabalhistas (sendo relevante observar que sua grande maioria termina, na fase de cognição, com uma sentença de procedência integral ou parcial dos pedidos iniciais do reclamante): é que, no Brasil, as normas materiais trabalhistas deixam de ser cumpridas espontaneamente por seus destinatários em freqüência muito maior do que seria razoável em qualquer sociedade capitalista do século XXI. Isso obriga os beneficiários dos direitos por elas instituídos a escolher entre conformar-se, pura e simplesmente, com tal lesão (o que, como é de conhecimento geral, costuma ocorrer em boa parte dos casos, caracterizando o fenômeno que os processualistas contemporâneos denominam de *litigiosidade contida*) ou recorrer ao Judiciário trabalhista, em busca da tutela jurisdicional a todos constitucionalmente prometida, como contrapartida da proibição estatal da autotutela. Deve-se concluir, portanto, que o número excessivo de reclamações trabalhistas é simples efeito e não a verdadeira causa do problema.
>
> As empresas razoavelmente organizadas sempre fazem uma análise global da relação custo-benefício, sabendo muito bem quando lhes convém, ou não, cumprir a lei trabalhista.[127] Isso não ocorre apenas em nosso país: nos países desenvolvidos, os agentes econômicos e

---

[127] Nota de rodapé do citado Prof. José Roberto Freire Pimenta: "O que, embora insustentável do ponto de vista jurídico, é até compreensível na estrita ótica empresarial, movida essencialmente por considerações de natureza econômica e administrativa, com vistas à maximização da citada *relação custo-benefício* — o erro maior, evidentemente, é daqueles operadores do Direito que, tendo ou devendo ter noção disso, nada fazem para inverter essa equação de modo a tornar desvantajosa, na prática, essa relação, mediante a plena e efetiva aplicação das normas jurídicas materiais em vigor, com a rigorosa aplicação de todas as sanções materiais e processuais legalmente previstas para a hipótese de seu descumprimento".

institucionais certamente operam e atuam movidos por objetivos similares e a partir de considerações da mesma natureza. A diferença fundamental é que lá, em última análise, é mais vantajoso (ou melhor, menos desvantajoso) para os empregadores, como regra habitual de conduta, cumprir a legislação trabalhista do que descumpri-la. Essa é, a meu ver, a questão essencial.

Pode-se dizer, em síntese, que, hoje, o verdadeiro problema do Direito do Trabalho em nosso país é *a falta de efetividade da tutela jurisdicional trabalhista* (que torna extremamente vantajoso para grande número de empregadores, do ponto de vista econômico, descumprir as mais elementares obrigações trabalhistas), criando uma verdadeira "cultura do inadimplemento", em verdadeira concorrência desleal com a parcela ainda significativa dos empregadores que cumprem rigorosamente suas obrigações trabalhistas, legais e convencionais.[128]

A Justiça do Trabalho está longe de ser a justiça protetora dos empregados, como querem alguns. O que se alcança, no máximo, é a satisfação de direitos não cumpridos espontaneamente, e, mesmo assim, após longo litígio. A Justiça do Trabalho protege direitos e não pessoas.

É certo que a regra geral é o processo de conhecimento pleno e exauriente, permitindo às partes a ampla defesa de seus direitos. No entanto, como já referido, a demora do processo de conhecimento

---

[128] Freire Pimenta inseriu a seguinte nota de rodapé: "Esse grave estado de coisas foi analisado pioneiramente na doutrina brasileira por Antônio ÁLVARES DA SILVA, em seu trabalho 'A desjuridicização dos conflitos trabalhistas e o futuro da Justiça do Trabalho no Brasil' (*in As garantias do cidadão na Justiça*, TEIXEIRA, Sálvio de Figueiredo (coord.), São Paulo: Saraiva, 1993, p. 256-258), no qual disse, com lucidez e precisão, a respeito das normas materiais trabalhistas: 'se estas normas não são cumpridas e se o Estado, que prometera a prestação jurisdicional, não as faz cumprir, há um colapso, embora parcial, da incidência do ordenamento jurídico'. E completava: 'Se a incidência não se opera, mutilam-se a vigência e a eficácia. A lei se transforma num ente inoperante que, embora existente e reconhecido para reger o fato controvertido, nele não incide em virtude da omissão estatal.' O resultado da inefetividade da tutela jurisdicional é por ele bem apontado:
'Cria-se na sociedade *a síndrome da obrigação não cumprida*, revertendo-se a valoração das normas de conduta: quem se beneficia das leis é o que as descumpre e não o titular do direito. Quem procura justiça, sofre a injustiça, pois o *lapsus temporis* que se forma entre o direito e o seu exercício, entre o fato jurídico e a fruição de suas vantagens pelo titular, beneficia o sonegador da obrigação que, escudado na demora, não cumpre a obrigação jurídica.
A lesão é múltipla e afeta o próprio conceito de ordem jurídica eficaz, ou seja, a crença, por parte dos cidadãos, de que a vida social se rege efetivamente pelas regras vigentes, podendo tanto o Estado quanto os indivíduos programarem por elas suas condutas no relacionamento social'".

pode levar ao perecimento do direito ou a graves prejuízos a quem tem razão em benefício do devedor.

Lembre-se, ainda, de que o longo processo trabalhista interessa ao empregador que, no máximo, irá pagar o que deve após longo tempo, com os baixos juros legais, visto que não se admitem juros compensatórios na Justiça do Trabalho.

E várias são as obrigações de fazer e não fazer trabalhistas que merecem a antecipação de tutela, já que o longo litígio pode levar à frustração dos direitos.

Citando o Ministro João Orestes Dalazen,[129] o Prof. José Roberto Freire Pimenta[130] traz os seguintes exemplos em que a tutela antecipada pode encontrar aplicação no Direito do Trabalho:

a) a obrigação patronal de o empregador não estabelecer discriminação salarial entre os empregados fora dos casos consentidos em lei;

b) a obrigação de fazer consistente em promover o empregado, se comprovada a presença dos requisitos para tanto previstos em quadro organizado em carreira;

c) a obrigação decorrente da Lei nº 9.029/95 de o empregador não adotar qualquer prática discriminatória por motivo de sexo, origem, raça, cor, estado civil, situação familiar ou idade (estando especialmente proibida a exigência de atestados de gravidez e de esterilização), sob pena de ser compelido à reintegração do empregado (conforme seu artigo 4º, I);

d) a obrigação decorrente do artigo 389, §§1º e 2º, da CLT ou da aplicação, em sede de dissídio coletivo, do Precedente Normativo nº 22 da SDC/TST, de o empregador instalar ou proporcionar às suas expensas creche destinada à guarda de filhos de empregadas em idade de amamentação (o que, se não adimplida, concretizaria forma indireta de discriminar as empregadas com filhos recém-nascidos);

e) a obrigação de não despedir por motivo discriminatório empregado portador do vírus da AIDS.[131]

---

[129] DALAZEN. Aspectos da tutela antecipatória de mérito no processo trabalhista brasileiro. *Revista do Tribunal Regional do Trabalho da 3ª Região*, p. 879-880.

[130] PIMENTA. Tutelas de urgência no processo do trabalho: o potencial transformador das relações trabalhistas das reformas do CPC brasileiro. *In*: DELGADO *et al. Direito do trabalho: evolução, crise, perspectivas*, p. 336-399.

[131] Nota de rodapé do autor citado: "Alice Monteiro de BARROS, ao tratar desse tema específico *in Proteção à intimidade do empregado*. São Paulo: LTr, 1997. p. 87-100, transcreve o seguinte precedente do C. TST: 'MANDADO DE SEGURANÇA. Sendo o empregado portador de doença

Acrescenta pessoalmente alguns exemplos, não sem antes fazer a seguinte observação:

A todos esses casos muito bem lembrados pelo i. autor acima citado, podemos acrescentar alguns outros a nosso ver igualmente relevantes, que demonstram, em seu conjunto, a grande importância e o potencial ainda maior de atuação que os instrumentos propiciados pelo novo artigo 461 do CPC ensejarão, na esfera trabalhista, desde que os operadores do direito estejam prontos a operá-los com equilíbrio mas, principalmente, com criatividade e sem preconceitos decorrentes de concepções ultrapassadas:

a) quando o empregador tiver como obrigação alterar a organização de seu processo produtivo ou instalar equipamentos gerais de proteção à saúde e à segurança de seus empregados, considerados tecnicamente indispensáveis para eliminar ou para atenuar a insalubridade ou a periculosidade existentes no ambiente de trabalho;

b) quando a empresa deixar de cumprir espontaneamente as obrigações de fazer ou de não fazer que tenham sido avençadas em termos de ajuste de conduta firmados perante o Ministério Público do Trabalho que, nos termos do artigo 876 da CLT, na nova redação que lhe deu a Lei nº 9958/2000, têm a natureza de títulos executivos extrajudiciais (não se podendo afastar, a priori, a possibilidade de se conceder tutela antecipatória mesmo em sede de execução, caso se comprove o perigo da ocorrência de prejuízo irreparável ou de difícil reparação caso seja necessário aguardar o normal desenvolvimento do procedimento executivo tradicional);

c) quando o demandado estiver comprovadamente praticando atos ilícitos capazes de lesar direitos e interesses individuais homogêneos de um número expressivo, embora indeterminado, de trabalhadores (por exemplo, fornecendo-os a outras empresas, como verdadeira mão-de-obra terceirizada, em condições de trabalho claramente enquadradas na definição legal de empregado

---

que pode levá-lo à morte, estando prestes a adquirir o direito à estabilidade no emprego, havendo sido demitido de forma obstativa e sendo absolutamente necessário o exercício de sua atividade profissional no combate ao mal que o aflige, o transcurso do tempo é imprescindível para que se evite o perecimento de seu direito. O *periculum in mora* é o próprio risco do perecimento da vida do empregado. De que adiantaria o empregado sagrar-se vencedor numa ação trabalhista após a sua morte? O direito deve ser ágil e ser aplicado no momento certo, sob pena de tornar-se inócuo, mormente neste caso concreto, onde mais importante que os eventuais valores monetários em discussão é a própria vital necessidade de o empregado exercer suas funções enquanto apto para tal' (TST-RO-MS 110.056/94.5. Rel. Min. Armando de Brito. sessão de 07.03.95, da SDI)".

estabelecida pelo artigo 3º da CLT mas sob a falsa roupagem de integrantes de cooperativas de serviços ou quando o empregador exigir de seus empregados, de forma contínua e permanente, a prática diária de horas extras, seja configurando habitualidade ou permanência lógica e legalmente vedada, seja ultrapassando sempre o limite legal de duas horas por dia), ensejando, ao menos em tese, a utilização de ação civil pública ou de reclamações trabalhistas de cunho individual (com fundamento no artigo 461 do CPC) visando reprimir e obter o ressarcimento pelas lesões já praticadas mas, principalmente, inibir a prática futura e reiterada dessa conduta ilícita;

d) quando o ente público estiver contratando servidores públicos sem prévio concurso público, em clara afronta à obrigação de não fazer que decorre da proibição constitucional contida no artigo 37, II e seu §2º, da Constituição de 1988;

e) quando o empregador estiver contratando menores de 16 anos fora da condição de aprendiz ou de menor de 14 anos em qualquer condição, em clara ofensa ao disposto no inciso XXXIII do artigo 7º da Constituição;

f) quando se tratar de obrigação de não discriminar, decorrente da aplicação do artigo 1º da Lei nº 9.029/95, que proíbe expressamente a adoção de qualquer prática discriminatória e limitativa para efeito de acesso à relação de emprego, por motivo de sexo, origem, raça, cor, estado civil, situação familiar ou idade, ou do inciso XXXI do artigo 7º da Constituição, que proíbe qualquer discriminação quanto a salário ou a critérios de admissão de trabalhador portador de deficiência;

g) quando se tratar da obrigação de contratar decorrente da aplicação de normas legais ou coletivas que reservem percentual de cargos e empregos públicos ou privados para pessoas portadoras de deficiência;

h) para impedir a prática, pelo empregador, de atos anti-sindicais contra as entidades representativas dos trabalhadores, contra a livre organização sindical e o livre exercício dos direitos sindicais de seus próprios empregados e contra o seu direito de greve, assegurados pelos artigos 8º e 9º da Constituição;

i) para assegurar o cumprimento, pelos sindicatos, empregadores e trabalhadores, do artigo 11 da Lei de Greve (Lei nº 7.783/89), que exige que, nos serviços e atividades essenciais definidos pela lei, seja garantida, durante greve, a prestação dos serviços indispensáveis ao atendimento das necessidades inadiáveis da comunidade;

j) quando for necessário impedir a adoção pelo empregador de práticas e métodos de controle da atuação e conduta dos trabalhadores no serviço, ou na entrada e na saída do mesmo, que sejam ofensivos à sua honra, dignidade ou privacidade (através, por exemplo, de revistas pessoais e coletivas que tenham caráter vexatório ou da instalação de instrumentos visuais ou auditivos que impliquem no controle permanente ou periódico das atividades do empregado pelo empregador ou por seus prepostos.

Acrescentamos três situações:
a) entregar guias para recebimento do seguro-desemprego;
b) entregar guias para proporcionar o levantamento do FGTS depositado;
c) aplicar reajustes determinados em sentença normativa, quando o recurso não tiver efeito suspensivo.

Lembrem-se ainda das hipóteses previstas no art. 659 da CLT, incisos IX e X:

> IX - conceder medida liminar, até decisão final do processo, em reclamações trabalhistas que visem a tornar sem efeito transferência disciplinada pelos parágrafos do art. 469 desta Consolidação;
> X - conceder medida liminar, até decisão final do processo, em reclamações trabalhistas que visem reintegrar no emprego dirigente sindical afastado, suspenso ou dispensado pelo empregador.

Entendemos que esses são alguns dos direitos que merecem a antecipação de tutela, eis que demora ocasionada pela sentença e todos os recursos admitidos pelas normas trabalhistas representariam verdadeira punição aos trabalhadores. A natureza alimentar dos salários, a saúde dos trabalhadores, a estabilidade das relações sindicais e a observância de princípios constitucionais e legais são motivos relevantes e suficientes a garantir a tutela jurisdicional.

5.2 Efeitos da antecipação da tutela no processo do trabalho

A antecipação acarretará agilidade na efetiva prestação jurisdicional ao litigante que tem razão, reduzindo o custo da demora, e colocará as partes em nível de igualdade processual. Isso porque o credor trabalhista, normalmente o trabalhador, não pode suportar a demora na prestação jurisdicional sem que tenha prejuízos, ao contrário do empregador, normalmente devedor, que se beneficia da lentidão do processo.

Por diversas vezes assistimos audiências em que o empregador faz proposta de acordo ínfima e ameaça o trabalhador usando, a seu favor, o tempo de duração do processo. Com a antecipação da tutela, essa desvantagem pode ser reduzida ou anulada.

José Roberto Freire Pimenta[132] aponta três efeitos e faz minuciosa análise:

> É possível apontar três efeitos da maior importância que a utilização da tutela antecipatória e específica das obrigações de fazer e não fazer acarretará, no plano trabalhista: a) a eliminação ou, ao menos, a significativa diminuição das vantagens práticas, econômicas e jurídicas advindas do descumprimento das obrigações trabalhistas; b) o controle jurisdicional da autotutela empresária — até hoje incontrastada, na prática — nos campos do poder disciplinar e do poder diretivo do empregador; c) a eliminação dos "vazios de tutela" representados pela previsão em abstrato, nas normas trabalhistas materiais, de direitos sociais que, na prática, nunca ou quase nunca foram respeitados, por falta de instrumentos processuais idôneos para sua atuação coativa específica em caso de violação — o que, por sua vez, implicará, no plano substancial, em uma maior e verdadeira equalização das partes da relação de emprego, concretizando, no âmbito interno das empresas e nos locais de trabalho, o princípio constitucional da isonomia.

5.3 Poder geral de cautela e seu exercício de ofício

Os arts. 798 e 799 do CPC, aplicáveis subsidiariamente ao direito do trabalho, trazem o poder geral de cautela que detêm o juiz:

> Art. 798. Além dos procedimentos cautelares específicos, que este Código regula no Capítulo II deste Livro, poderá o juiz determinar as medidas provisórias que julgar adequadas, quando houver fundado receio de que uma parte, antes do julgamento da lide, cause ao direito da outra lesão grave ou de difícil reparação.

---

[132] PIMENTA. Tutelas de urgência no processo do trabalho: o potencial transformador das relações trabalhistas das reformas do CPC brasileiro. *In*: DELGADO *et al. Direito do trabalho*: evolução, crise, perspectivas, p. 336-399.

Art. 799. No caso do artigo anterior poderá o juiz, para evitar o dano, autorizar ou vedar a prática de determinados atos, ordenar a guarda judicial de pessoas e depósito de bens e impor a prestação de caução.

Pela regra, fica claro que o juiz poderá determinar providências além das já especificadas no Capítulo II do Código de Processo Civil, intituladas *procedimentos cautelares específicos*.

Humberto Theodoro Júnior[133] entende que o poder geral de cautela não pode ser exercido de ofício. No entanto, ressalva que em algumas situações isto pode ocorrer:

> Para tutelar o interesse do Estado na justa composição da lide, o Código, por exemplo, determina que, embora a iniciativa do processo seja da parte, seu desenvolvimento se dê por impulso oficial (art. 262).
>
> E, para consecução dos objetivos de ordem pública que inspiram a atividade jurisdicional, confere o Código (art. 125) ao juiz poderes na direção do processo, destinando-lhe a atribuição de:
>
> I - assegurar às partes igualdade de tratamento;
>
> II - velar pela rápida solução do litígio;
>
> III - prevenir ou reprimir qualquer ato contrário à dignidade da justiça.
>
> Ainda, para alcançar o fim último da tutela jurisdicional, atribui o Código ao juiz a incumbência de determinar, ex officio, provas necessárias à instrução do processo (art. 130).
>
> Se esses interesses públicos que o Estado detém no processo forem ameaçados de lesão, é claro que o juiz pode preveni-los adotando as medidas cautelares compatíveis, sem que tenha de aguardar a iniciativa ou provocação da parte prejudicada.

O I. jurista completa dizendo que *"seria ilógico e contraproducente admitir que a tutela dos poderes oficiais do juiz ficasse condicionada à iniciativa e disponibilidade da parte"*.

Observemos o acórdão a seguir, no qual o poder geral de cautela foi exercido pelo juiz vice-presidente do TRT para determinar a verificação de erros em cálculo de precatório:

---

[133] THEODORO JÚNIOR. *Processo cautelar*, p. 112-113.

AGRAVO REGIMENTAL. DECISÃO EM PRECATÓRIO. SUS-PENSÃO DE ANDAMENTO. O poder geral de cautela atribuído ao Magistrado dá sustentação legal à decisão de Juiz Vice-Presidente do Tribunal que determina suspensão de tramitação de precatório, enquanto é verificada pelo Juiz de primeiro grau a existência de erros de conta nos cálculos. (01241-1989-008-03-41-0 ARGP – TRT MG)[134]

E a seguinte jurisprudência:

Os arts. 798 e 799 do CPC conferem ao juiz poder cautelar via do qual fica autorizado a ordenar as medidas provisórias que julgar adequadas para evitar dano à parte (TFR, Ag. 52, rel. Min. Torreão Braz, DJ de 10.9.87, Adcoas, 1998, n. 116.992).

Certo, pois, que o juiz detém o poder geral de cautela necessário a assegurar o cumprimento das normas.

5.4 O requerimento da parte como requisito para antecipação da tutela específica

Ao contrário do artigo 273 do CPC, o art. 461 do mesmo diploma legal não trouxe a expressão "a requerimento da parte".

Vários doutrinadores entendem que se aplica o mesmo mecanismo do art. 273,[135] cabendo à parte requerer a antecipação da tutela, uma vez que somente ela pode avaliar o risco de arcar com futura indenização em face de eventuais prejuízos causados.

A possibilidade não é descartada por outros doutrinadores, uma vez que o §3º do art. 461 do CPC não contém disposição semelhante à do art. 273 do CPC, que diz que a antecipação de tutela se dá "a requerimento da parte". Portanto, a possibilidade de antecipação da tutela específica, de ofício, não pode ser descartada. É o que nos ensina o Prof. José Roberto Freire Pimenta:[136]

---

[134] ARGP – Agravo Regimental em Precatório nº *01241-1989-008-03-41-0*,TRTMG, publicado no *DJMG* do dia 23.11.2001, Órgão Julgador : 1ª Seção Espec. de Dissídios Individuais, Juiz Relator: Hegel de Brito Bóson.

[135] Sobre o tema ZAVASCKI. *Antecipação da tutela e obrigações de fazer e de não fazer. Gênesis – Revista de Direito Processual Civil*, p. 114; BRITO. *Perfil sistemático da tutela antecipada*, p. 75. TALAMINI. *Tutela relativa aos deveres de fazer e não fazer*: CPC, art. 461, CDC, art. 84, p. 359.

[136] PIMENTA. Tutela específica e antecipada das obrigações de fazer e não fazer no processo do trabalho: cominação de prisão pelo juízo do trabalho em caso de descumprimento do comando judicial. *Revista do Tribunal Regional do Trabalho*, p. 136.

Quanto à possibilidade de sua concessão *de ofício*, há também dúvidas a respeito. Em se tratando de antecipação de tutela em geral, disciplinada pelo artigo 273 do CPC, há expressa previsão em seu *caput* de que a mesma poderá ser concedida pelo juiz "a requerimento da parte", o que em princípio afasta a iniciativa do julgador. Porém, nos casos de antecipação da tutela específica das obrigações de fazer e não-fazer e na medida em que o §3º do artigo 461 do CPC não tem disposição semelhante, parece-nos que a atuação *ex officio* do julgador não pode, pelo menos em princípio, ser descartada.

Consideramos a nota de rodapé inserida sobre a afirmação supra muito importante e passamos a transcrevê-la:

> Devendo ser mencionada a interessante hipótese excepcional levantada por MANOEL ANTÔNIO TEIXEIRA FILHO de terminação de reintegração do empregado por iniciativa do próprio magistrado, em nome do conteúdo ético do processo e até contra a vontade do próprio demandante, quando verificar que este não teria requerido sua reintegração liminar com o claro objetivo de receber salários por longo período sem trabalhar ("Curso de processo do trabalho – v. 2: Antecipação de tutela e liminares", op. cit. p. 40-41).

Marinoni,[137] discorrendo sobre a tutela de não fazer e imposição de multa, de ofício, diz:

> A tutela inibitória, como já dito, constitui uma tutela específica. O art. 461 permite ao juiz, ao conceder a tutela inibitória (final ou antecipatória), que imponha multa diária ao réu, independentemente do pedido do autor. O art. 461, portanto, é base, no Código de Processo Civil, da tutela inibitória, pois não só permite ao juiz dar ordens e conceder tutela antecipatória, como também admite que o juiz, de ofício, imponha multa diária visando o adimplemento.

E continua:

> Reconhece-se, no plano da teoria geral do direito, que as leis não devem ser interpretadas ao pé da letra. A norma deve ser interpretada em função da unidade sistemática da ordem jurídica: desta forma, o art. 461 tem que ser compreendido em face da nova realidade

---

[137] MARINONI. *Tutela inibitória (individual e coletiva)*, p. 77.

que foi construída em virtude da reforma do Código de Processo Civil e, como é óbvio, de acordo com o espírito que a presidiu. Na verdade, não há como não se vislumbrar na *ratio*, no fim do art. 461 (interpretação teleológica), a intenção da tutela de direitos que não poderiam ser adequadamente protegidos a partir de uma interpretação excessivamente comprometida com o tecnicismo da linguagem jurídica, que não é, como se sabe, a linguagem da lei, não só porque autoriza supor que a norma tenha que refletir uma tomada de posição científica —, mas também porque a lei não é dirigida exclusivamente aos juristas.[138]

5.5 Antecipação de tutela *ex officio*

Zavascki,[139] analisando a possibilidade de concessão de liminar em mandado de segurança, entende que esta não pode ser antecipada de ofício, não sem antes dizer que a matéria é controvertida:

> Questão largamente controvertida na doutrina é a da possibilidade ou não de concessão de liminar em mandado de segurança sem pedido da parte impetrante. Quem advoga a legitimidade de atuação *ex officio* nessa seara — e não são poucos [...] — tem como argumento básico o de que, incumbindo ao juiz "a prestação eficiente da garantia constitucional do mandado de segurança, compete-lhe tomar todas as providências cabíveis para a realização da finalidade posta na norma fundamental e que é de sua estrita função ver aperfeiçoada, o que inclui, evidentemente, a medida acautelatória liminar asseguradora da plena eficácia do mandado que poderá vir, ao final, ser concedido". [...]
>
> [...] a aplicação dos princípios gerais de direito processual recomenda a não concessão da liminar *ex officio*. Mais especificamente, por imposição do princípio dispositivo, concretizado nos arts. 2º e 128 do Código de Processo Civil, há de se deixar ao arbítrio da parte impetrante o pedido da providência. Cabe ao interessado avaliar os riscos decorrentes dessa medida. Com efeito, será de responsabilidade dele, impetrante interessado — e não do juiz — o ressarcimento de qualquer dano que a medida, caso revogada futuramente, tiver causado.

---

[138] MARINONI. *Tutela inibitória (individual e coletiva)*, p. 88.

[139] ZAVASCKI. *Antecipação da tutela*, p. 199-200.

Manoel Antônio Teixeira Filho,[140] também analisando a possibilidade de concessão da antecipação da liminar *ex officio*, informa que a opinião de Alfredo Buzaid é contrária, mas que com ela não concorda:

> A sua atitude, minimamente dogmática, submissa à "tradição do sistema legal brasileiro", por ele invocada, não se coaduna com a necessidade de imediata proteção do direito líquido e certo do impetrante e da salvaguarda da vontade constitucional; nem mesmo se harmoniza com a literalidade do art. 7º, II, da Lei n. 1.533/51, de acordo com a qual o juiz, ao despachar a inicial, ordenará que se suspensa o ato que deu origem ao pedido.

Fazemos esse paralelo entre a antecipação da tutela nas obrigações de fazer e não fazer (art. 461 do CPC) com a liminar em mandado de segurança porque tanto naquela quanto nessa há imperatividade da norma. No mandado de segurança há determinação ao juiz por meio da expressão "ordenará", contida no *caput* do artigo 7º. Na antecipação da tutela, há a expressão "concederá" *no caput* do artigo 461 do CPC, e o §3º do mesmo artigo não condiciona a concessão da tutela, liminarmente, a requerimento da parte, como é feito no artigo 273 do CPC.

Ao diferenciar tutela antecipada de tutela específica, Sérgio Pinto Martins[141] diz:

> Não se confunde a tutela antecipatória com o disposto no §3º do art. 461 do CPC, pois, neste caso, trata-se de ação que tenha por objetivo específico o cumprimento de obrigação de fazer ou não fazer. A diferença é que, na hipótese mencionada, o juiz poderá conceder o provimento inclusive liminarmente, enquanto na tutela determinada no art. 273 do CPC o procedimento depende de provocação.

Isso porque entende que[142] "não há determinação expressa da necessidade de requerimento" no *caput* do art. 461 do CPC.

Fernando Luis França[143] entende que não se pode condicionar a antecipação da tutela a requerimento da parte quando ocorre abuso

---

[140] TEIXEIRA FILHO. *Mandado de Segurança na Justiça do Trabalho*, p. 219-220.

[141] MARTINS. *Tutela antecipada e tutela específica no processo do trabalho*, p. 28.

[142] MARTINS. *Tutela antecipada e tutela específica no processo do trabalho*, p. 106.

[143] FRANÇA. *A antecipação de tutela* ex officio, p. 215-223.

de direito de defesa ou manifesto propósito protelatório do réu e que somente a concessão *ex officio* pode fazer com que se atinjam a celeridade e a efetividade processuais. Faz a seguinte indagação:

> [...] se as partes têm a disponibilidade dos direitos em relação a *res iudicium deducta*, qual seria a justificativa plausível para autorizar o juiz a antecipar, *ex officio*, a tutela,sem o pedido da parte?

E responde:

> Encontramos duas justificativas adequadas para tal indagação. Uma, de natureza processual e a outra, de natureza constitucional. Quanto ao aspecto processual, a questão diz respeito a quem é "vítima" dos abusos dos direitos processuais. Com a publicização do processo, uma nova mentalidade foi concebida pelo legislador, ou seja, o processo, apesar de ser instrumento colocado à disposição das partes para resolver seus conflitos, orienta-se por um interesse público, que é o interesse da sociedade. [...]
>
> Tem pertinência, aqui, uma comparação com a hipótese autorizativa de antecipação prevista no inc. I do art. 273. Quem é parte prejudicada, ou se se quiser, "vítima" do "fundado" receio de dano irreparável ou de difícil reparação"? A "vítima" é aquela parte que sofrerá as conseqüências geradas pelo "dano irreparável ou de difícil reparação", pela demora na prestação jurisdicional e não o Estado, pelo menos diretamente.
>
> É por isso que o litigante, que sofre os efeitos, é quem está legitimado a pedir a antecipação da tutela. Agora, em caso do "abuso do direito de defesa ou de manifesto propósito protelatório", o litigante é também vítima, mas só indiretamente, uma vez que a "vítima" direta do abuso dos direitos processuais é o Estado, que disponibiliza para os litigantes todo um aparato destinado à solução de seus conflitos, que é o processo. [...]
>
> Então, quem deve estar autorizado a antecipar a tutela nesses casos é o Estado-juiz, em represália ao comportamento "ilícito" do litigante, contra o Estado-administração. [...]
>
> Basta reconhecer que a antecipação pelo abuso do direito de defesa ou manifesto propósito protelatório tem caráter sancionatório, para impor ao juiz o dever de agir, toda vez que uma destas hipóteses ocorra. [...]
>
> Quanto ao aspecto constitucional a argumentação volta-se para a questão da constitucionalidade da parte do art. 273, que condiciona a antecipação da tutela ao pedido da parte.

A consagração constitucional (art. 5º, inc. XXXV) do acesso à justiça, reclamada conceitos como os de celeridade e efetividade, que pressupõem, para serem efetivados, a instrumentalização dos meios necessários para tal fim.

Não se concebe o acesso à justiça a não ser de forma célere e efetiva, a não ser que se queira limitar o princípio do acesso à justiça ao mero aspecto formal.

Para justificar seu posicionamento, o referido jurista refere-se ao nº 5 da Exposição de Motivos do Código de Processo Civil de 1973:

> O processo civil é um instrumento que o Estado põe à disposição dos litigantes, a fim de administrar justiça. Não se destina à simples definição de direitos na luta privada entre os contedores. Atua, como já observava BETTI, não no interesse de uma ou de outra parte, mas por meio do interesse de ambas. O interesse das partes não é senão um meio, que serve para conseguir a finalidade do processo na medida em que dá lugar àquele impulso destinado a satisfazer o interesse público da atuação da lei na composição dos conflitos. A aspiração de cada uma das partes é a de ter razão: a finalidade do processo é a de dar razão a quem efetivamente a tem. Ora, dar razão a quem a tem é, na realidade, não interesse privado da parte, mas um interesse público de toda a sociedade. Assim entendido, o processo civil é preordenado a assegurar a observância da lei; há de ter, pois, tantos atos quantos sejam necessários para alcançar essa finalidade. **Diversamente de outros ramos da ciência jurídica, que traduzem a índole do povo através de longa tradição, o processo civil deve ser dotado exclusivamente de meios racionais, tendentes a obter a atuação do direito. As duas exigências que concorrem para aperfeiçoá-lo são a rapidez e a justiça. Força é, portanto, estruturá-lo de tal modo que ele se torne efetivamente apto a administrar, sem delongas, a justiça.**

A evolução do processo civil, com a consequente superação da crise vivida em função da morosidade do Poder Judiciário, buscando o ideal da efetividade, vem construindo normas capazes de realizar o direito no tempo necessário para que ele não pereça, tornando a justiça eficaz e célere.

A antecipação da tutela específica é instrumento eficaz para fazer com que o jurisdicionado atinja seu direito, que é garantido por meio do princípio constitucional do livre acesso à justiça.

CONCLUSÕES

Do estudo que realizamos, podemos concluir que:

1. A evolução histórica do direito processual mostra três períodos principais: o do *sincretismo*, o *autonomista* ou *conceitual* e o *teleológico* ou *instrumentalista*. O primeiro é caracterizado pela ausência de conceitos próprios e pela confusão entre direito processual e procedimentos. O direito processual era tido como uma sucessão de atos. O segundo período é marcado pela autonomia do direito processual em relação ao direito material. O direito processual passa a ser compreendido como um caminho para se obter a tutela jurisdicional. O terceiro período, denominado de instrumentalista ou teleológico é o que vivemos hoje e que se preocupa com o estudo das técnicas adequadas que possam levar aos resultados necessários do direito processual. Preocupa-se com a finalidade do processo.

2. Desde que o Estado passou a deter a jurisdição, a dizer o direito, significando o fim da possibilidade de os cidadãos se autotutelarem, o direito processual passou e passa por crise e transformação com a finalidade de atingir a efetividade. A crise do direito processual tem como principal causa a demora na efetivação do direito. Se o Estado passou a ser o titular da tutela jurisdicional, deve proporcionar meios para que a entrega do direito seja, além de rápida, eficiente. A demora na entrega da prestação jurisdicional é vista como pena ao credor que tem razão. Apenas aumentar o número de servidores e juízes não é suficiente para se atingir a efetividade, já que as normas jurídicas necessitam de adaptação e evolução.

3. O instituto da antecipação da tutela de mérito é uma grande contribuição na evolução do direito processual. A nova visão de um processo civil de resultados, com a efetiva e

rápida entrega do direito ao jurisdicionado, fez surgir o fenômeno das medidas cautelares e medidas antecipatórias da tutela de mérito. A Lei nº 8.952/94, por meio dos novos artigos 273 e 461, §3º, do CPC, veio generalizar e regular o que antes era possível apenas em casos excepcionais, por meio de medidas cautelares.

4. A jurisprudência e a doutrina já se consolidaram quanto à aplicabilidade da antecipação da tutela no direito do trabalho.

5. A antecipação da tutela de mérito, fundada no artigo 273 do CPC, tem como requisitos o requerimento, a prova inequívoca e a verossimilhança das alegações. Pode ser concedida se ocorrer o fundado receio de dano irreparável ou de difícil reparação ou o abuso do direito de defesa ou o manifesto propósito protelatório do réu. Podem requerer as partes, o Ministério Público e o assistente, ressaltado que o requerimento somente irá beneficiar as partes.

6. A antecipação da tutela de mérito nas obrigações de fazer e não fazer é prevista no artigo 461 do CPC, com nova redação advinda da Lei nº 8.952/94, representando grande avanço rumo à efetividade quanto às obrigações específicas. De acordo com o novo artigo e seus incisos, o juiz poderá se valer de meios sub-rogatórios, que são os expedientes usados pelo juiz, com ou sem a cooperação da parte ré, para atingir resultado igual ou equivalente ao que ocorreria com o cumprimento espontâneo da obrigação pelo devedor.

7. A conversão da obrigação de fazer ou não fazer em perdas e danos é faculdade do credor, que deverá requerê-la. A indenização por perdas e danos não se confunde com a multa coercitiva, que não depende de requerimento para que seja aplicada. O juiz poderá determinar cumprimento de obrigações sob pena de prisão se descumprida a ordem judicial, mas em caso extremos.

8. A antecipação da tutela específica das obrigações de fazer e não fazer tem como requisitos o relevante fundamento da demanda e o justificado receio de ineficácia do provimento

final. Esses requisitos se equivalem aos do artigo 273 do CPC, quais sejam, a prova inequívoca ou verossimilhança das alegações e o fundado receio de dano irreparável ou de difícil reparação.

9. A tutela específica pode ser antecipada no início da lide, antes de ouvida a parte contrária, após a defesa, juntamente com a sentença e até em fase recursal, desde que preenchidos os requisitos necessários à concessão.

10. O Direito do Trabalho tem vasto campo para aplicação da antecipação da tutela específica, principalmente quanto a reintegrações de empregados estáveis, normas de saúde e segurança do trabalhador, discriminações salariais, discriminações em face de sexo, idade e cor, discriminações de portadores do vírus HIV, concessão de reajustes determinados em dissídio coletivo, entrega de guias de seguro desemprego e das guias necessárias ao saque do FGTS.

11. A tutela específica poderá ser antecipada de ofício. O *caput* do artigo 461 do CPC, ao contrário do artigo 273, também do CPC, não traz a expressão "a requerimento da parte", e, onde o legislador não exigiu, não cabe ao interprete fazê-lo. Situação análoga pode ser percebida em mandado de segurança, quando a parte não requer a liminar, que pode ser concedida de ofício, desde que preenchidos os requisitos para a concessão. A antecipação da tutela das obrigações de fazer e não fazer encontra justificativa constitucional no princípio do livre acesso à justiça, que traz consigo a celeridade e efetividade necessárias ao atingimento da tutela efetiva. Encontra, ainda, justificativa de natureza processual, conforme inserido na exposição de motivos do CPC, dizendo ser o processo dotado de meios tendentes a obter a atuação do direito.

REFERÊNCIAS

ALVIM, José Eduardo Carreira. *Tutela específica das obrigações de fazer e não fazer.* Belo Horizonte: Del Rey, 1997.

BARRETO, Amaro. *Execução cível e trabalhista.* Rio de Janeiro: Edições Trabalhistas, 1961.

BELMONTE, Alexandre Agra. *Instituições civis no direito do trabalho.* Rio de Janeiro: Renovar, 1997.

BELTRAN, Ari Possidônio. *A autotutela nas relações do trabalho.* São Paulo: LTr, 1996.

BRASIL, Deilton Ribeiro. *Tutela específica das obrigações de fazer e não fazer.* Belo Horizonte: Del Rey, 2003.

BRITO, Fábia Lima de. *Perfil sistemático da tutela antecipada.* Brasília: Ed. OAB, 2004.

CALAMANDREI, Piero. *Estúdios sobre el proceso civil.* Traducción Santiago Sentis Melendo. Buenos Aires: Ediciones Jurídicas Europa-América, 1986.

CÂMARA, José. *Subsídios para a história do direito pátrio.* Rio de Janeiro: Serviço Gráfico do Instituto Brasileiro de Geografia e Estatística, 1954.

CARNEIRO, Athos Gusmão. *Da antecipação de tutela.* 6. ed. São Paulo: Forense, 2005.

CHIOVENDA, Giuseppe. *Principii di diritto processuale civile.* 4ª ed. Napoli: Jovene, 1928.

CRETELLA JÚNIOR, José. *Do mandado de segurança.* 2. ed. Rio de Janeiro: Forense, 1980.

DALAZEN, João Oreste. Aspectos da tutela antecipatória de mérito no processo trabalhista brasileiro. *Revista do Tribunal Regional do Trabalho da 3ª Região*, Belo Horizonte, v. 55/56, p. 28-33, jan./jun. 1997.

DINAMARCO, Cândido Rangel. *A reforma do Código de Processo Civil.* 4. ed. 2. tir. São Paulo: Malheiros, 1998.

DINAMARCO, Cândido Rangel. *Instituições de direito processual civil.* 4. ed. São Paulo: Malheiros, 2004. v. 1.

FLORIS MARGADANT, Guillermo. Legislación antigua. *Revista de la Facultad de Derecho de México*, t. XXI, 1971.

FRANÇA, Fernando Luis. *A antecipação de tutela* ex officio. Belo Horizonte: Mandamentos, 2003.

FRIEDE, Reis. *Limites objetivos para a concessão de medidas liminares em tutela cautelar e em tutela antecipatória.* São Paulo: LTr, 2000.

FRIEDE, Reis. *Tutela antecipada, tutela específica e tutela cautelar*. Belo Horizonte: Del Rey, 1996.

GILISSEN, John. *Introdução histórica ao direito*. 4. ed. Lisboa: Fundação Calouste Gulbenkian, 2003.

GONÇALVES, Marcus Vinícius Rios. *Processo de Execução e Cautelar*. 5. ed. São Paulo: Saraiva, 2004. (Coleção Sinopses Jurídicas, v. 12).

GRINOVER, Ada Pellegrini. A inafastabilidade do controle jurisdicional e uma nova modalidade de autotutela. *Revista Jurídica On Line Última Instância, Ensaios*. Disponível em: <ultimainstancia.uol.com.br/ensaios/ler_noticia. php?idNoticia=22108>. Acesso em: 28 nov. 2005.

GRINOVER, Ada Pellegrini. *O Processo em sua unidade*. Rio de Janeiro: Forense: 1984.

GRINOVER, Ada Pellegrini. Tutela jurisdicional nas obrigações de fazer e não fazer. *Revista de Processo*, São Paulo, n. 79, ano 20, jul./set. 1995.

LEAL, Rosemiro Pereira. Antecipação de tutela legal em face de defesa abusiva e manifesto propósito protelatório na teoria do processo. *Revista Síntese do Direito Civil e Processual Civil*, Porto Alegre, n. 9, jan./fev. 2001.

LEAL, Rosemiro Pereira. Antecipação de tutela: fundado receio de dano irreparável na antecipação de tutela no processo civil. *Revista Síntese do Direito Civil e Processual Civil*, Porto Alegre, n. 6, jul./ago. 2000.

LIMA, George Marmelstein. Antecipação de tutela de ofício?. *Revista do Conselho Federal de Justiça*, Brasília, n. 19, out./dez. 2002.

MALLET, Estevão. *Antecipação de Tutela no Processo do Trabalho*. São Paulo: LTr, 1998.

MARINONI, Luiz Guilherme. *A antecipação da tutela*. 4. ed. São Paulo: Malheiros, 1998.

MARINONI, Luiz Guilherme. *Efetividade do processo e tutela de urgência*. Porto Alegre: Sergio Antonio Fabris, 1994.

MARINONI, Luiz Guilherme. *Tutela antecipatória e julgamento antecipado*: parte incontroversa da demanda. 5. ed. São Paulo: Revista dos Tribunais, 2002.

MARINONI, Luiz Guilherme. *Tutela antecipatória, julgamento antecipado e execução imediata da sentença*. 2. ed. São Paulo: Revista dos Tribunais, 1998.

MARINONI, Luiz Guilherme. *Tutela inibitória (individual e coletiva)*. 3. ed. São Paulo: Revista dos Tribunais, 2003.

MARTINS, Sérgio Pinto. *Tutela antecipada e tutela específica no processo do trabalho*. 3. ed. São Paulo: Atlas, 2002.

MATTOS, Mauro Roberto Gomes de; MOYSÉS FILHO, Gibran. Antecipação de Tutela Recursal no Processo Trabalhista. *Síntese Trabalhista*, Porto Alegre, n. 126, dez. 1999.

MEIRELES, Edilton. *Temas da execução trabalhista*. São Paulo: LTr, 1998.

MONTEIRO, Washington de Barros. *Curso de direito civil*: direito das obrigações. 24. ed. São Paulo: Saraiva, 1990. Parte 1., v. 1.

REFERÊNCIAS | 105

MOREIRA, José Carlos Barbosa. *O novo processo civil brasileiro*. 19. ed. Rio de Janeiro: Forense, 1999.

MOREIRA, José Carlos Barbosa. *Temas de direito processual*: 4. série. São Paulo: Saraiva, 1989.

NERY JÚNIOR, Nelson; NERY, Rosa Maria Andrade. *Código de Processo Civil comentado*. 5. ed. São Paulo: Revista dos Tribunais, 2001.

NETTO, Nelson Rodrigues. *Tutela jurisdicional específica, mandamental e executiva lato sensu*. Rio de Janeiro: Forense, 2002.

OLIVEIRA, Allan Helber de. *O réu na tutela antecipatória do Código de Processo Civil*. Belo Horizonte: Mandamentos, 2001.

PELICIOLI, Angela Cristina. *A antecipação da tutela no direito brasileiro*. Rio de Janeiro: LTr, 1999.

PIMENTA, José Roberto Freire. *A tutela antecipatória e específica das obrigações de fazer e não fazer e a efetividade da jurisdição*: aspectos constitucionais, cíveis e trabalhistas. Belo Horizonte. Tese (Doutorado)–Faculdade de Direito da Universidade Federal de Minas Gerais, 2001.

PIMENTA, José Roberto Freire. Tutela específica e antecipada das obrigações de fazer e não fazer no processo do trabalho: cominação de prisão pelo juízo do trabalho em caso de descumprimento do comando judicial. *Revista do Tribunal Regional do Trabalho*, Belo Horizonte, n. 57, jul./dez. 1997.

PIMENTA, José Roberto Freire. Tutelas de urgência no processo do trabalho: o potencial transformador das relações trabalhistas das reformas do CPC brasileiro. *In*: DELGADO, Mauricio Godinho *et al*. *Direito do trabalho*: evolução, crise, perspectivas. São Paulo: Ltr, 2004.

PRATA, Edson. *História do Processo Civil e sua Projeção no Direito Moderno*. Rio de Janeiro: Forense, 1987.

SILVA, Ovidio A. Batista da. *Curso de processo civil*. Porto Alegre: Sergio Antonio Fabris, 1990. v. 2.

TALAMINI, Eduardo. As tutelas típicas relativas a deveres de fazer e de não fazer e a via penal do art. 461 do CPC. *Revista de Processo*, São Paulo, v. 25, n. 97, jan./mar. 2000.

TALAMINI, Eduardo. *Tutela relativa aos deveres de fazer e de não fazer*: e sua extensão aos deveres de entrega da coisa (CPC, arts. 461 e 461-A, CDC, art. 84). 2. ed. São Paulo: Revista dos Tribunais, 2003.

TALAMINI, Eduardo. *Tutela relativa aos deveres de fazer e não fazer*: CPC, art. 461, CDC, art. 84. São Paulo: Revista dos Tribunais, 2001.

TEIXEIRA FILHO, Manoel Antônio. *Execução no processo do trabalho*. São Paulo: LTr, 1991.

TEIXEIRA FILHO, Mantel Antônio. *Mandado de Segurança na Justiça do Trabalho*. 2. ed. São Paulo: LTr, 1994.

THEODORO JÚNIOR, Humberto. *Curso de direito processual civil*: processo de execução e processo cautelar. Rio de Janeiro: Forense, 1998. v. 2.

THEODORO JÚNIOR, Humberto. *Direito e processo*: direito processual ao vivo. Rio de Janeiro: Aide, 1997. v. 5.

THEODORO JÚNIOR, Humberto. *Processo cautelar*. 20. ed. São Paulo: Livraria e Ed. Universitária de Direito, 2002.

THEODORO JÚNIOR, Humberto. Tutela específica das obrigações de fazer e não fazer. *Jus Navigandi*, Teresina, ano 6, n. 56, abr. 2002. Disponível em: <http://jus2.uol.com.br/doutrina/texto.asp?id=2904>. Acesso em: 07 fev. 2006.

THEODORO JÚNIOR, Humberto. Tutela específica das obrigações de fazer e não fazer. *Revista Síntese do Direito Civil e Processual Civil*, Porto Alegre, n. 15, jan./fev., 2002.

WANBIER, Luiz Rodrigues; ALMEIDA, Flávio Renato Correia de; TALAMINI, Eduardo. *Curso Avançado de Processo Civil*. 7. ed. São Paulo: Revista dos Tribunais, 2005. v. 2, 3.

ZAVASCKI, Teori Albino. Antecipação da tutela e obrigações de fazer e de não fazer. *Gênesis – Revista de Direito Processual Civil*, Curitiba, v. 4, jan./abr. 1997.

ZAVASCKI, Teori Albino. *Antecipação da tutela*. São Paulo: Saraiva, 1997.

Esta obra foi composta em fonte Palatino Linotype, corpo 10
e impressa em papel Offset 75g (miolo) e Supremo 250g (capa)
pela Gráfica e Editora O Lutador, em Belo Horizonte/MG.